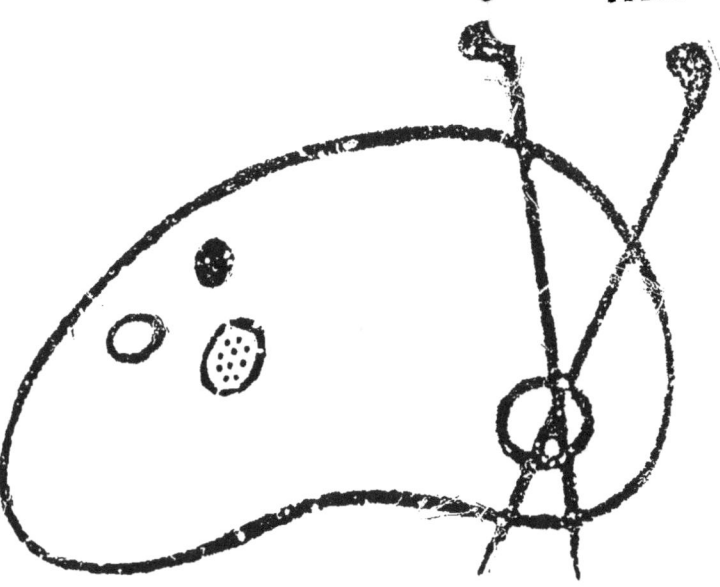

Couvertures supérieure et inférieure
en couleur

ÉMILE ZOLA

8353

LA

CONFESSION

DE CLAUDE

Couvert en Couverture

PARIS

C. MARPON ET E. FLAMMARION

ÉDITEURS

1 à 7, galeries de l'Odéon, et rue Rotrou, 4

1880

LA

CONFESSION

DE CLAUDE

OUVRAGES DU MÊME AUTEUR

MADELEINE FÉRAT. 1 vol. in-18. . 3 fr. 50

THÉRÈSE RAQUIN. 1 vol. in-18. . . . 3 fr. 50

Paris. — Imp. Vve P. LAROUSSE et Cie, rue Montparnasse, 19.

ÉMILE ZOLA

LA
CONFESSION
DE CLAUDE

PARIS

C. MARPON ET E. FLAMMARION

ÉDITEURS

1 à 7, galeries de l'Odéon, et rue Rotrou, 4

1880

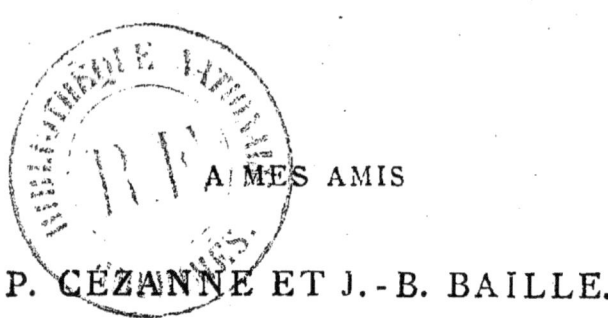

A MES AMIS

P. CÉZANNE ET J.-B. BAILLE.

Vous avez connu, mes amis, le misérable enfant dont je publie aujourd'hui les lettres. Cet enfant n'eſt plus. Il a voulu grandir dans la mort & l'oubli de sa jeunesse.

J'ai hésité longtemps avant de donner au public les pages qui suivent. Je doutais du droit que je pouvais avoir de montrer un corps & un cœur dans leur nudité; je m'interrogeais, me demandant s'il m'était permis de divulguer le

1

secret d'une confession. Puis, lorsque
je relisais ces lettres haletantes & fié-
vreuses, vides de faits, se liant à peine
les unes aux autres, je me décourageais,
je me disais que les lecteurs accueille-
raient sans doute fort mal une pareille
publication, toute diffuse, toute folle &
emportée. La douleur n'a qu'un cri :
l'œuvre eſt une plainte sans cesse répé-
tée. J'hésitais comme homme & comme
écrivain.

Un jour, j'ai songé enfin que notre
âge a besoin de leçons & que j'avais
peut-être entre les mains la guérison de
quelques cœurs endoloris. On veut que
nous moralisions, nous les poëtes & les
romanciers. Je ne sais point monter en
chaire, mais je possédais l'œuvre de
sang & de larmes d'une pauvre âme,
je pouvais à mon tour inſtruire & consoler. Les aveux de Claude avaient le

suprême enseignement des sanglots, la morale haute & pure de la chute & de la rédemption.

Et j'ai vu alors que ces lettres étaient telles qu'elles devaient être. J'ignore encore aujourd'hui comment le public les acceptera, mais j'ai foi dans leur franchise, même dans leur emportement. Elles sont humaines.

Je me suis donc décidé, mes amis, à éditer ce livre. Je m'y suis décidé au nom de la vérité & du bien de tous. Puis, en dehors de la foule, je songeais à vous, il me plaisait de vous conter de nouveau la terrible hiftoire qui vous a déjà fait pleurer.

Cette hiftoire eft nue & vraie jusqu'à la crudité. Les délicats se révolteront. Je n'ai pas pensé devoir retrancher une ligne, certain que ces pages sont l'expression complète d'un cœur dans lequel

il y a plus de lumière que d'ombre. Elles
ont été écrites par un enfant nerveux
& aimant qui s'eſt donné entier, avec
les frissons de sa chair & les élans de
son âme. Elles sont la manifeſtation
maladive d'un tempérament particulier
qui a l'âpre besoin du réel & les espérances menteuses & douces du rêve.
Tout le livre eſt là, dans la lutte entre
le songe & la réalité. Si les amours
honteuses de Claude le font juger sévè-
rement, qu'on lui pardonne au dénoûment, lorsqu'il se relève plus jeune &
plus fort, voyant jusqu'à Dieu.

Il y a du prêtre dans cet enfant. Il
s'agenouillera peut-être un jour. Il
cherche avec un désespoir immense une
vérité qui le soutienne. Aujourd'hui, il
nous conte sa jeunesse désolée, il nous
montre ses plaies, il crie ce qu'il a souffert, afin d'éviter à ses frères de pareilles

souffrances. Les temps sont mauvais pour les cœurs qui ressemblent au sien.

Je puis d'un mot caractériser son œuvre, lui accorder le plus grand éloge que je désire comme artiste, & répondre en même temps à toutes les objections qui seront faites :

Claude a vécu tout haut.

Émile ZOLA.

15 octobre 1865.

LA

CONFESSION DE CLAUDE

I

Voici l'hiver : l'air, au matin, devient plus frais, & Paris met son manteau de brouillard. Voici la saison des soirées intimes. Les lèvres frileuses cherchent les baisers; les amants, chassés des campagnes, se réfugient dans les mansardes, &, se pressant devant le foyer, jouissent, au bruit de la pluie, de leur printemps éternel.

Moi, frères, je vis triftement: j'ai l'hiver
sans printemps, sans amoureuse. Mon
grenier, tout au haut d'un escalier humide,
eft grand & irrégulier; les angles se per-
dent dans l'ombre, les murs, nus & obli-
ques, font de la chambre une sorte de
corridor qui s'allonge en forme de bière.
De pauvres meubles, minces planches mal
ajuftées & peintes d'une horrible couleur
rouge, craquent funèbrement dès qu'on
les touche. Des lambeaux de damas déteint
pendent au-dessus du lit, & la fenêtre,
privée de rideaux, s'ouvre sur une grande
muraille noire, éternellement debout &
sévère.

Le soir, quand le vent ébranle la porte
& que les murs vacillent avec la flamme
de ma lampe, je sens peser sur moi un ennui morne & glacé. Je m'arrête au foyer
mourant, aux laides rosaces brunes du papier peint, aux vases de faïence où se sont
fanées les dernières fleurs, & je crois entendre chaque chose se plaindre de solitude

& de pauvreté. Cette plainte eſt navrante.
La mansarde entière me réclame les rires.
les richesses de ses sœurs. Le foyer demande de grands feux joyeux; les vases,
oubliant la neige, veulent des roses fraîches; la couche soupire, me parlant de
cheveux blonds & de blanches épaules.

J'écoute, je ne puis que me désoler. Je
n'ai pas de luſtre à suspendre au plafond,
pas de tapis pour cacher les dalles inégales
& brisées. Et, lorsque ma chambre ne veut
pour sourire que de belle toile blanche,
des meubles simples & luisants, je me dé-
sole encore davantage de ne pouvoir la
contenter. Alors elle me paraît plus déserte
& plus misérable : le vent y pénètre plus
froid, l'ombre y flotte plus épaisse; la poussière s'amasse sur les planches, la tapisserie
se déchire montrant le plâtre. Tout se tait:
j'entends, dans le silence, les sanglots de
mon cœur.

Frères, vous souvenez-vous des jours
où la vie était en songe pour nous? Nous

avions l'amitié, nous rêvions l'amour & la gloire. Vous souvenez-vous de ces tièdes soirées de Provence, lorsque, au lever des étoiles, nous allions nous asseoir dans le sillon fumant encore des ardeurs du soleil? Le grillon chantait; le souffle harmonieux des nuits d'été berçait notre causerie. Tous trois nous laissions nos lèvres dire ce que pensaient nos cœurs, &, naïvement, nous aimions des reines, nous nous couronnions de lauriers. Vous me contiez vos songes, je vous contais les miens. Puis, nous daignions redescendre sur terre. Je vous confiais ma règle de vie, toute consacrée au travail & à la lutte; je vous disais mon grand courage. Me sentant la richesse de l'âme, je me plaisais à l'idée de pauvreté. Vous montiez, comme moi, l'escalier des mansardes, vous espériez vous nourrir de grandes pensées; grâce à votre ignorance du réel, vous sembliez croire que l'artifte, dans l'insomnie de sa veille, gagne le pain du lendemain.

D'autres fois, quand les fleurs étaient
plus douces, les étoiles plus radieuses,
nous caressions d'amoureuses visions.
Chacun de nous avait sa bien-aimée. Les
vôtres, vous souvenez-vous? brunes &
rieuses filles, étaient reines des moissons
& des vendanges; elles se jouaient, parées
d'épis & de grappes, & couraient par les
sentiers, emportées dans le vol de leur
turbulente jeunesse. La mienne, pâle &
blonde, avait la royauté des lacs & des
nuées; elle marchait languissamment,
couronnée de verveines, semblant à chaque pas prête à quitter la terre.

Vous souvenez-vous, frères? Le mois
dernier, nous allions ainsi rêver au milieu
des campagnes, & puiser le courage de
l'homme dans le saint espoir de l'enfant.
Je me suis fatigué du songe, j'ai cru me
sentir la force de la réalité. Voici cinq semaines que j'ai quitté nos larges horizons
que féconde le souffle embrasé de midi.
J'ai serré vos mains, j'ai dit adieu à notre

champ préféré, &, le premier, j'ai voulu
chercher la couronne et l'amante que Dieu
garde à nos vingt ans.

— Claude, m'avez-vous dit au départ, te
voici dans la lutte. Demain, nous ne serons
plus là comme hier, te donnant espérance
& courage. Tu vas te trouver seul &
pauvre, n'ayant que des souvenirs pour
peupler & dorer ta solitude. La tâche eſt
rude, dit-on. Pars cependant, puisque tu
as soif de la vie. Souviens-toi de tes pro·
jets : sois ferme & loyal dans l'aĉtion,
comme tu l'étais dans le rêve; vis dans les
greniers, mange ton pain dur, souris à la
misère. Que l'homme ne raille pas en toi
l'ignorance de l'enfant, qu'il accepte l'âpre
labeur du bien & du beau. La souffrance grandit l'homme, les pleurs sont
séchés un jour, lorsqu'on a beaucoup
aimé. Bon courage, & attends-nous. Nous
te consolerons, nous te gronderons de loin.
Nous ne pouvons te suivre aujourd'hui,
car nous ne nous sentons pas ta force;

notre rêve eſt encore trop séduisant pour
que nous l'échangions contre la réalité.

Grondez-moi, frères, consolez-moi. Je
ne fais que commencer à vivre, & je suis
déjà bien triſte. Ah! que la mansarde de
nos songes était blanche! comme la fenêtre
s'égayait au soleil, comme la pauvreté
& la solitude y rendaient la vie ſtudieuse
& paisible! La misère avait pour nous le
luxe de la lumière & du sourire. Mais savez-vous combien eſt laide une vraie mansarde? Savez-vous comme on a froid lorsqu'on eſt seul, sans fleurs, sans blancs
rideaux où reposer les yeux? Le jour & la
gaieté passent sans entrer, n'osant s'aventurer dans cette ombre & dans ce silence.

Où sont mes prairies & mes ruisseaux?
où mes soleils couchants qui doraient les
cimes des peupliers & changeaient les ro-
chers de l'horizon en palais étincelants?
Me suis-je trompé, frères? Ne suis-je qu'un
enfant qui veut être homme avant l'âge?
Ai-je eu trop de confiance en ma force,

ma place serait-elle de rêver encore à vos côtés?

Voici le jour qui naît. J'ai passé la nuit devant mon foyer éteint, regardant mes pauvres murs, vous contant mes premières souffrances. Une lueur blafarde éclaire les toits, quelques flocons de neige tombent lentement du ciel pâle & trifte. Le réveil des grandes villes eft inquiet. J'entends monter jusqu'à moi ces murmures des rues qui ressemblent à des sanglots.

Non, cette fenêtre me refuse le soleil, ce plancher eft humide, cette mansarde eft déserte. Je ne puis aimer, je ne puis travailler ici.

II

Vous vous irritez de mon peu de courage, vous m'accusez d'envier le velours & le bronze, de ne pas accepter la sainte pauvreté du poëte. Hélas! j'aime les grands rideaux, les candélabres, les marbres que le ciseau a puissamment caressés. J'aime tout ce qui brille, tout ce qui a beauté, grâce & richesse. Il me faut les demeures princières. Ou plutôt encore, les champs avec leurs tapis de mousse, frais & parfumés, leurs draperies de feuilles, leurs larges horizons de lumière. Je préfère le luxe de Dieu au luxe des hommes.

Pardonnez, frères, la soie est si douce, la dentelle si légère; le soleil rit si gaiement dans l'or & dans le cristal!

Laissez-moi rêver, ne craignez pas pour

ma fierté. Je veux écouter vos fortes &
belles paroles, embellir ma mansarde de
gaieté, l'éclairer de grandes pensées. Si
je me sens trop seul, je me créerai une
compagne qui, fidèle à ma voix, viendra
me baiser au front, après la tâche accomplie. Si les dalles sont froides, si le pain
manque, j'oublierai l'hiver & la faim en
me sentant le cœur chaud. A vingt ans, il
eft aisé d'être artisan de sa joie.

L'autre nuit, la voix des vents était mélancolique, ma lampe se mourait, mon feu
s'était éteint; l'insomnie avait troublé ma
raison, de pâles fantômes erraient dans
mon ombre. J'ai eu peur, frères, je me suis
senti faible, je vous ai dit mes larmes.
Le premier rayon a chassé le cauchemar
de ma veille. Aujourd'hui l'obftacle n'eft
plus en moi. J'accepte la lutte.

Je veux vivre au désert, n'écoutant que
mon cœur, ne voyant que mon rêve. Je
veux oublier les hommes, m'interroger &
me répondre. Pareil à la jeune épouse dont

le sein a frémi du tressaillement des mères, le poëte, quand il croit sentir tressaillir la pensée en lui, doit avoir une heure d'extase & de recueillement. Il court s'enfermer avec son cher fardeau, n'ose croire à son bonheur, interroge son flanc, espère & doute encore. Puis, lorsqu'une douleur plus vive lui dit bien que Dieu l'a fécondé, alors pendant de longs mois il fuit la foule, tout à l'amour de l'être que le ciel lui confie.

Qu'on le laisse se cacher & jouir en avare des angoisses de l'enfantement ; demain, dans son orgueil, il viendra demander des caresses pour le fruit de ses entrailles.

Je suis pauvre, je dois vivre seul. Ma fierté souffrirait de banales consolations, ma main ne veut presser que les mains ses égales. J'ignore le monde, mais je sens que la misère eft si froide qu'elle doit glacer les cœurs autour d'elle, & qu'étant sœur du vice, elle eft timide & honteuse, lorsqu'elle est noble. J'ai le front haut, j'entends ne point le baisser.

Pauvreté, solitude, soyez donc mes hôtesses. Soyez mes anges gardiens, mes muses, mes compagnes à la voix rude & encourageante. Faites-moi fort, donnez-moi la science de la vie, dites-moi combien coûte le pain de chaque jour. Que vos mâles caresses, si âpres qu'elles semblent des blessures, m'endurcissent dans le bien & le jufte. J'allumerai ma lampe, pendant ces nuits d'hiver, & je vous sentirai toutes deux à mes côtés, glacées & silencieuses, vous courbant sur ma table, me dictant l'austère vérité. Lorsque, las d'ombre & de silence, je poserai la plume & que je vous maudirai, votre sourire mélancolique me fera peut-être douter de mes rêves. Alors votre paix sereine & trifte vous rendra si belles que je vous prendrai pour amantes. Nos amours seront sévères & profondes comme vous; les amoureux de seize ans envie-

ront l'âcre volupté de nos baisers fé-
conds.

Et cependant, frères, ils me serait doux
de me sentir la pourpre aux épaules, non
pour m'en draper devant la foule, mais
pour vivre plus largement sous le riche &
superbe tissu. Il me serait doux d'être roi
d'Asie, de rêver nuit et jour sur un lit
de roses, dans une de ces féeriques demeures, harems de fleurs & de sultanes. Les
bains de marbre aux fontaines parfumées,
les galeries de chèvrefeuilles soutenus
sur des treillages d'argent, les immenses
salles aux plafonds semés d'étoiles, n'eft-
ce pas là le palais que les anges devraient
bâtir pour chaque homme de vingt ans?
La jeunesse veut à son feftin tout ce qui
chante, tout ce qui rayonne. Lors du
premier baiser, il faut que l'amante soit
toute de dentelle & de bijoux, que la
couche, portée par quatre fées d'or & de
marbre, ait un ciel de pierreries & des
toiles de satin.

Frères, frères, ne me grondez pas, je
vais être sage. Je vais aimer mon grenier
& ne plus songer à mes palais. Oh ! que
la vie y serait jeune & passionnée !

III

Je travaille, j'espère. Je passe les journées devant ma petite table, quittant la
plume pendant de longues heures pour
caresser quelque blonde tête que l'encre
souillerait. Puis, je reprends l'œuvre com-
mencée, parant mes héroïnes des rayons
de mes rêves. J'oublie la neige & l'armoire
vide. Je vis je ne sais où, peut-être dans
un nuage, peut-être dans le duvet d'un
nid abandonné. Quand j'écris une phrase
lefte & coquettement drapée, je crois voir

des anges & des aubépines en fleurs.

J'ai la sainte gaieté du travail. Ah! que j'étais fou d'être triste & que je me trompais en me croyant pauvre & seul! Je ne sais plus ce qui me désolait. Hier, je crois, ma chambre était laide; elle me sourit aujourd'hui. Je sens autour de moi des amis que je ne vois pas, mais qui sont en grand nombre & qui tous me tendent la main. Leur foule me cache les murs de mon réduit.

Va, pauvre petite table, lorsque la désespérance me touchera de son aile, je viendrai toujours m'asseoir devant toi & m'accouder sur la feuille blanche où mon rêve ne se fixe qu'après m'avoir rendu le sourire.

Hélas! il me faut cependant une ombre de réalité. Je me surprends parfois inquiet, souhaitant une joie dont je n'ai pas conscience. Alors, j'entends comme une vague plainte de mon cœur : il me dit qu'il a toujours froid, toujours faim, &

qu'une folle rêverie ne peut le réchauffer
ni le rassasier. Je veux le contenter. Je
sortirai demain, non plus m'isolant en
moi-même, mais regardant aux fenêtres,
lui disant de choisir parmi les belles
dames. Puis, de temps en temps, je le
ramènerai sous le balcon préféré. Il en
emportera un regard comme pâture, &,
huit jours durant, ne sentira plus l'hiver.
Lorsqu'il criera famine, un nouveau sourire l'apaisera.

Frères, n'avez-vous jamais rêvé qu'un
soir d'automne vous rencontriez dans les
blés une brune fille de seize ans? Elle vous
souriait au passage, puis se perdait au milieu des épis. La nuit, vous la revoyiez en
rêve, &, le lendemain, vous preniez à la
même heure le sentier de la veille. La
chère vision passait, souriait encore,
vous laissant un nouveau songe pour
votre prochain sommeil. Les mois, les
années s'écoulaient. Chaque jour, votre
cœur affamé venait se rassasier d'un sou-

rire, & jamais il ne désirait davantage. La vie entière ne suffisait pas à vous faire épuiser le regard de la jeune moissonneuse.

IV

Hier, j'avais grande flamme au foyer. J'étais riche de deux bougies, je les avais allumées toutes deux, sans songer au lendemain.

Je me surprenais à chanter, tout en me préparant pour une nuit de travail. La mansarde riait d'être chaude & lumineuse.

Comme je m'asseyais, j'ai entendu dans l'escalier un bruit de voix & de pas précipités. Des portes s'ouvraient & se fermaient. Puis, dans le silence, des cris étouffés montaient jusqu'à moi. Je m'étais

dressé, vaguement inquiet & prêtant l'o-
reille. Les bruits cessaient par inftants;
j'allais reprendre ma chaise, lorsque quelqu'un a monté et m'a crié qu'une femme,
ma voisine, subissait une crise de nerfs.
On me demandait secours. La porte ouverte, je n'ai vu que l'escalier noir & silencieux.

Je me suis couvert d'un vêtement plus
chaud & je suis descendu, oubliant même
de prendre une de mes bougies. A l'étage
inférieur, je me suis arrêté, ne sachant où
entrer. Je n'entendais plus aucune plainte,
j'étais entouré d'épaisses ténèbres. Enfin,
j'ai aperçu par la fente d'une porte entre-
bâillée un mince filet de lumière. J'ai
poussé cette porte.

La chambre était sœur de la mienne :
grande, irrégulière, délabrée. Seulement,
comme je quittais ma mansarde dans un
jour de flamme & de clarté, l'ombre & le
froid de celle-ci m'ont serré le cœur de
pitié & de triflesse. Un air humide m'a

frappé au visage; une maigre chandelle
brûlant sur un des coins de la cheminée,
s'eft effarée au vent de l'escalier, sans me
permettre d'abord de voir les objets.

Je m'étais arrêté sur le seuil. Enfin, j'ai
diftingué le lit : les draps rejetés & tordus
avaient glissé à terre, des vêtements épars
traînaient sur la couverture.

Au milieu de ces lambeaux, s'allongeait
une forme blanche, indécise. J'aurais cru
avoir un cadavre devant moi, si la chandelle ne m'avait montré par moments une
main pendant hors de la couche & agitée
par de rapides convulsions.

Au chevet, se dressait une vieille femme.
Ses cheveux gris dénoués retombaient en
mèches raides sur son front, sa robe mise
à la hâte montrait ses bras jaunes & dé-
charnés. Elle me tournait le dos, soute-
nant la tête & me cachant le visage de la
femme couchée.

Ce corps frissonnant veillé par cette horrible vieille m'a causé une rapide impres-

sion de dégoût & d'effroi. L'immobilité
des figures leur donnait une grandeur fan-
tastique, leur silence faisait presque douter
de leur vie. J'ai cru un instant assister à
une de ces scènes effrayantes du sabbat,
lorsque les sorcières sucent le sang des
jeunes filles, &, les jetant blêmes & ridées
dans les bras de la mort, leur volent leur
jeunesse & leur fraîcheur.

Au bruit de la porte, la vieille a tourné
la tête. Elle a laissé retomber lourdement
le corps qu'elle soutenait, puis s'est avancée
vers moi.

— Ah! monsieur, m'a-t-elle dit, je vous
remercie d'être venu. Les vieilles gens
craignent les nuits d'hiver; cette chambre
est si froide que je n'en serais peut-être pas
sortie demain. Je veille tard, voyez-vous,
&, quand on mange peu, on a besoin d'un
plus long sommeil. D'ailleurs, la crise est
terminée. Vous n'aurez qu'à attendre le
réveil de cette dame. Bonne nuit, monsieur.

La vieille s'eſt retirée, je suis demeuré
seul. J'ai fermé la porte, &, prenant la
chandelle, je me suis approché du lit. La
femme qui s'y trouvait étendue pouvait
avoir environ vingt-quatre ans. Elle était
plongée dans cet accablement profond qui
succède aux convulsions des attaques de
nerfs. Ses pieds se trouvaient repliés sous
elle, ses bras, raides encore & grands ouverts, étaient rejetés aux deux bords de la
couche. Je n'ai pu d'abord juger de sa
beauté : sa tête, penchée en arrière, se perdait dans le flot de ses cheveux.

Je l'ai prise dans mes bras, j'ai détendu
ses membres, je l'ai couchée sur le dos.
Puis j'ai écarté les boucles de son front.
Elle était laide : ses yeux fermés manquaient de cils, ses tempes étaient basses
& fuyantes, sa bouche grande & affaissée.
Je ne sais quelle vieillesse précoce avait
effacé les contours de ses traits & mis sur
sa face entière une empreinte de lassitude
& d'avidité.

Elle dormait. J'ai entassé sur ses pieds
tous les chiffons qui me sont tombés sous
la main, j'ai haussé sa tête sous un autre
paquet de vêtements. Ma science se bor-
nant à ces soins, je me suis décidé à attendre son réveil. Je craignais qu'elle ne
subît une seconde crise & qu'elle ne se
blessât en tombant.

Je me suis mis à visiter le grenier. J'a-
vais, en entrant, senti s'en échapper un
violent parfum de musc, qui, se mélant à
l'odeur âcre de l'humidité, saisissait étrangement l'odorat. Sur la cheminée, se ran-
geait une file de bouteilles et de petits pots
gras encore d'huiles aromatiques. Au
dessus, pendait une glace étoilée dont le
tain manquait par larges plaques. D'ailleurs, les murs étaient nus ; tout traînait
à terre : souliers de satin éculés, linges sales, rubans fanés, lambeaux de dentelle.
Comme j'allais, rejetant du pied les gue-
nilles pour me faire passage, j'ai rencontré
une belle robe neuve, toute de soie bleue,

& ornée de nœuds en velours. Elle était
jetée dans un coin, parmi les autres chiffons, roulée en paquet, fripée, tachée encore de la boue de la veille. Je l'ai relevée
& l'ai pendue à un clou.

Las, ne trouvant pas de siége, je suis
venu m'asseoir au pied du lit. Je commençais à comprendre où je me trouvais. La
fille dormait toujours; elle était maintenant en pleine lumière. J'ai cru m'être
trompé en la déclarant laide, & je me suis
pris à la contempler. Un sommeil plus
doux avait mis à ses lèvres un vague
sourire; ses traits s'étaient détendus, la
souffrance passée donnait à sa laideur une
sorte de beauté douce & amère. Elle reposait, trifte & résignée. Son âme semblait
profiter du repos de son corps pour monter
à sa face.

C'était donc là cette misère immonde,
étrange assemblage de soie bleue & de
fange. Ce grenier était le bouge infâme de
la luxure affamée marchandant sa sa-

tiété ; cette fille était une de ces vieilles de
vingt ans, n'ayant plus de la femme que
la marque fatale du sexe, trafiquant de
ce corps que le ciel leur laisse en leur retirant l'âme. Quoi ! tant de limon en un seul
être, tant de souillures en un seul cœur !
Dieu frappe rudement sa créature lorsqu'il
lui laisse déchirer sa robe d'innocence &
mettre la ceinture lâche & flottante qui se
dénoue sous la main de chaque passant.
Dans nos rêves d'amour, nous ne rêvions
jamais qu'un soir nous trouverions un
grabat dans l'ombre d'un grenier, &, sur
ce grabat, une fille du ruisseau endormie
& demi-nue.

La malheureuse inclinait la tête sous
l'aile caressante d'un songe ; un souffle
doux & régulier s'échappait de ses lèvres ;
sur ses paupières languissamment fermées,
courait par inftants un faible frisson. Je
m'étais accoudé au bois du lit, mon regard ne pouvait se détacher de ce front
pâle & beau d'une étrange beauté. Je ne

sais quelle fascination avaient sur moi ce
sommeil paisible du vice, ces traits flétris
empreints dans leur repos d'une douceur
angélique. Je me disais que cette fille dormait, visitée par sa seizième année, & que
j'avais ainsi une vierge devant moi. Cette
pensée emplissait mon esprit; si quelque
autre s'y mélait, je n'en avais pas conscience. Je ne sentais plus le froid, & je
tremblais. Mes veines battaient d'une fièvre inconnue. Ma rêverie s'égarait, plus
inquiète & plus trifte.

La fille eut un soupir, se retourna sur
la couche. Elle rejeta la couverture, découvrant sa poitrine.

Mes songes m'avaient seuls montré jusque-là de chaftes nudités, toujours voilées
de rayons. Je n'avais jamais entrevu que
les bras des lavandières battant gaiement
le linge. Parfois peut-être encore mon regard s'était-il égaré sur le cou blanc & dé-
licat d'une danseuse, lorsque, l'emportant
sur mon cœur, je sentais ma pensée se

troubler au vent de ses tresses blondes.

Cette poitrine brutalement découverte
m'a fait rougir & m'a mis au cœur une
telle angoisse que j'ai cru en pleurer. J'ai
eu honte pour la jeune femme, j'ai senti
ma virginité s'en aller dans mon regard.
Cependant, je ne pouvais détourner les
yeux; je suivais les douces ondulations du
sein, je m'éblouissais de sa blancheur. Les
sens se taisaient encore, mon esprit seul
était ivre. Mes impressions avaient un
charme si étrange que je ne puis aujour-
d'hui les comparer qu'à la sainte horreur
qui m'a secoué le jour où j'ai vu un cadavre pour la première fois. Mon imagination m'avait aussi représenté la mort. Mais
lorsque j'ai vu cette face bleuie, cette bouche noire & ouverte, lorsque le néant s'eſt
montré dans son énergique grandeur, je
n'ai pu détacher mes regards du cadavre,
frémissant d'une volupté douloureuse,
attiré par je ne sais quel rayonnement de
la réalité.

Ainsi, la première gorge nue me retenait palpitant d'une émotion que je ne saurais définir.

Et c'était une poitrine meurtrie des caresses de tous où se posaient mes yeux! Ah! lorsque aujourd'hui je songe à cette nuit fatale, à cette extase effrayée qui retenait mon souffle, lorsque je me revois penché sur cette infâme couche, inquiet & rougissant, je me demande avec angoisse qui me rendra ce premier regard pour aller rougir & me pencher sur la couche d'une vierge! Je me demande qui me rendra l'inſtant où le voile tombe des épaules de l'amante, où l'amant comprend d'un regard & s'incline, ébloui de connaître! J'ai bu l'ivresse dans une coupe souillée; je ne saurai jamais quelle splendeur a le sein d'une vierge pour des yeux ignorants encore.

La fille s'eſt éveillée & m'a souri sans paraître étonnée de me trouver auprès d'elle. Ce sourire était vague, comme

adressé à toute une foule, comme las d'être
sur ses lèvres. Elle n'a pas parlé, & m'a
tendu les bras.

Ce matin, lorsque je suis rentré chez
moi, j'ai trouvé mes bougies entièrement
brûlées, mon foyer mort depuis longtemps.
La chambre était froide & sombre : je n'a-
vais plus ni flamme ni clarté.

V

Frères, où était donc l'amante, reine
des lacs & des nuées? où la brune moissonneuse dont le regard est si profond qu'il
suffit à une vie d'amour?

Ainsi, c'en est donc fait : j'ai menti à
ma jeunesse, je suis le fiancé du vice. Le
souvenir de ma première heure d'amour
est étroitement lié à celui d'un bouge in-

fâme, d'une couche chaude encore des baisers de chacun. Lorsque, dans les nuits de mai, j'évoquerai la fiancée, je verrai se lever une fille nue & cynique, s'éveillant & me tendant les bras. Ce spe ?re pâle & flétri sera de tous més amours. Il se dressera entre ma bouche & celle de la vierge, réclamant pour ses lèvres mes lèvres souillées. Il se glissera dans mon lit, profitant de mon sommeil pour m'étreindre en un songe horrible. Quand l'amante balbutiera à mon oreille une parole frissonnante de volupté, il sera là pour me dire que le premier il m'a parlé ce langage. Quand j'appuierai ma tête à l'épaule de l'épouse, il me présentera la sienne où j'ai dormi ma nuit de noce. Ainsi, jamais mon cœur ne pourra battre sans qu'il ne vienne le glacer par le souvenir maudit de nos fiançailles.

Oui, cette nuit a suffi pour me priver de la paix suprême. Mon premier baiser n'a pas éveillé une âme. Je n'ai point senti

la sainte ignorance des étreintes, mes lèvres
timides n'ont point trouvé des lèvres timides comme elles. Je ne connaîtrai jamais
ce naïf tâtonnement des caresses, cette innocence du couple qui ne sait comme déchirer le voile. Ils frémissent, se pressent
étroitement & pleurent de ne pouvoir se
confondre. Et comme ils sont là, hésitant,
cherchant une issue pour leur âme, voilà
que leurs lèvres se rencontrent & qu'à tous
deux ils ne font plus qu'un seul être.

Puis, lorsque la science eſt venue, lorsque l'amante & l'amant ont ensemble,
dans un baiser, pénétré la loi de Dieu,
quelle doit être leur félicité de se devoir les
mêmes clartés, le même infini! Ils n'ont
fait qu'échanger leur virginité : ils se sont
pris l'un à l'autre leur robe blanche, &,
maintenant, tous deux ont encore le vêtement des chérubins. Mêlant leur souffle,
souriant du même sourire, ils se reposent
dans leur union. Heure sainte où les
cœurs battent plus librement, trouvant un

ciel où monter! Heure unique où l'amour
ignorant mesure tout à coup sa puissance,
se croit maître de l'étendue & s'enivre de
son premier coup d'aile! Frères, que Dieu
vous garde cette heure dont le souvenir
parfume toute une vie. Elle ne sera jamais
pour moi.

Telle est la fatalité. Il est rare que deux
cœurs vierges se rencontrent; toujours l'un
d'eux n'a plus à donner son extase en sa
fleur. Aujourd'hui, chacun de nous, jeunes
gens de vingt ans qui sommes avides d'aimer, ne pouvant briser les grilles des maisons honnêtes, trouve plus simple de
s'adresser à la porte grande ouverte des
boudoirs de bas étage. Lorsque nous de-
mandons à quelle épaule appuyer nos
fronts, les pères cachent leurs filles & nous
poussent dans l'ombre des ruelles. Ils nous
crient de respecter leurs enfants, qui doivent un jour être nos femmes, ils préfèrent
pour elles à nos caresses premières les caresses apprises dans les mauvais lieux.

Aussi combien peu se gardent pour l'é-
pouse, combien peu, dans le désert de leur
jeunesse, refusent les seules & impures
compagnes que leur laisse la singulière
prévoyance des hommes! Les uns, sots &
méchants garçons, se font une gloire de
leur souillure; ils se parent des filles perdues. Les autres, dans le réveil de l'âme,
au premier appel de l'amante, ont grande
triftesse d'interroger en vain l'horizon &
de ne savoir où se trouve celle que réclame
leur cœur. Ils vont devant eux, regardant
aux balcons, se penchant vers chaque
jeune visage : les balcons sont déserts, les
jeunes visages reftent voilés. Un soir, un
bras se glisse sous le leur, une voix les fait
tressaillir. Déjà las & désespérés, ne pouvant rencontrer l'ange de l'amour, ils en
suivent le spectre.

Frères, je ne veux point excuser une
nuit d'égarement, mais laissez-moi dire
qu'il eft étrange de cloîtrer la chafteté & de
permettre à la débauche de vivre au soleil,

le front haut. Laissez-moi déplorer cette
méfiance de l'amour qui crée une solitude
autour de l'amant, & cette sauvegarde de
la vertu par le vice, qui fait rencontrer dix
femmes perdues sur la route avant d'arriver
à la porte d'une vierge. Celui qui s'oublie à
leurs ignobles caresses, peut dire, en arri-
vant aux pieds de l'épouse : Je ne suis plus
digne de toi, mais que n'es-tu venue à ma
rencontre? Que ne m'attendais-tu là-bas,
dans les blés fleuris, avant tous ces carre-
fours où chaque borne a sa prêtresse? Que
n'as-tu voulu être la première à mon regard, & t'épargner en m'épargnant moi-
·même ?

En rentrant ce soir, j'ai trouvé dans l'escalier la vieille femme de l'autre nuit. Elle
montait péniblement devant moi, s'aidant
de la corde & posant les deux pieds sur
chaque marche. Elle s'eft retournée.

— Eh bien, monsieur, m'a-t-elle demandé, votre malade se porte-t-elle mieux?
Le frisson l'a quittée, je pense, & vous

même ne paraissez pas avoir souffert du
froid. Allez, je savais bien que pour une
belle fille, un beau garçon eſt meilleur mé-
decin qu'une vieille femme.

Elle riait, montrant sa bouche vide.
Cette complaisance de la vieillesse aux
amours honteuses m'a fait rougir.

— Ne rougissez pas, a-t-elle ajouté! j'en
ai vu de tout auſsi fiers que vous entrer
sans honte & sortir en chantant. La jeunesse aime à rire, les filles qui jouent la
sagesse sont des sottes. Ah! si j'avais encore quinze ans!

J'étais arrivé devant ma porte. Elle m'a
retenu par le bras, comme j'allais rentrer,
& a continué :

— J'avais de blonds cheveux alors, mes
joues étaient si pures que mes amants
me surnommaient Pâquerette. Si vous
m'aviez vue, vous seriez entré. J'habitais,
au rez-de-chaussée, un nid de soie & d'or.
Chaque cinq ans, j'ai monté d'un étage.
Aujourd'hui, je loge sous les toits. Je n'ai

plus qu'à descendre pour aller au cime-
tière. Ah! que votre amie Laurence eft
heureuse : elle ne loge encore qu'au troisième.

Ainsi, cette fille se nomme Laurence.
J'ignorais son nom.

VI

Je me suis remis au travail, mais avec
répugnance & las dès la première heure.
Maintenant que j'ai soulevé un coin du
voile, je n'ai ni le courage de le laisser retomber, ni celui de l'écarter tout à fait.
Lorsque je m'assieds devant ma table, je
m'accoude triftement, laissant glisser la
plume de mes doigts, me disant : A quoi
bon? Mon intelligence me semble épuisée,
je n'ose relire les quelques phrases que
j'écris, je ne me sens plus cette joie du

poëte, qu'une rime heureuse fait rire sans
raison comme un enfant. Grondez-moi,
frères, les vers faux ne me donnent plus
l'insomnie.

Mes faibles ressources s'épuisent. Je puis
calculer, à un jour près, le soir où je man-
querai de tout. J'achève mon pain, ayant
presque hâte de le finir, pour ne plus le
voir diminuer à chaque repas. Je me livre
lâchement à la misère ; la lutte m'effraye.

Ah ! combien ils mentent, ceux qui pré-
tendent que la pauvreté eſt mère du talent !
Qu'ils comptent ceux que le désespoir a
faits illuſtres & ceux qu'il a lentement avi-
lis. Quand les larmes naissent d'une blessure reçue au cœur, les rides qu'elles creusent sont belles & nobles ; mais quand
c'eſt la faim du corps qui les fait couler,
lorsque chaque soir une bassesse ou un
labeur de brute les essuyent, elles sillon-
nent la face affreusement sans lui donner
la douloureuse sérénité de la vieillesse.

Non, puisque je suis si pauvre qu'il me

faudra peut-être mourir demain, je ne puis travailler. Lorsque l'armoire était pleine, j'avais grand courage, je me sentais la force de gagner mon pain. Aujourd'hui, elle eſt vide, & tout m'eſt lassitude. Il me sera plus facile de souffrir la faim que de faire le moindre effort.

Allez, je sais bien que je suis lâche & parjure à nos serments, je sais que je n'ai pas le droit de me réfugier déjà dans la défaite. J'ai vingt ans : je ne puis être las d'un monde que j'ignore. Hier, je le rêvais doux & bon. Eſt-ce un nouveau rêve que de le juger mauvais aujourd'hui ?

Que voulez-vous, frères, mon premier pas a été malheureux : je n'ose avancer. Je vais épuiser ma souffrance, verser toutes mes larmes, & le sourire me reviendra. Je travaillerai plus gaîment demain.

VII

Hier soir, je me suis couché à cinq heures, en plein jour, oubliant la clef sur la porte.

Vers minuit, comme je voyais en rêve une enfant blonde me tendre les bras, un bruit que j'ai entendu dans mon sommeil m'a fait soudain ouvrir les yeux. Ma lampe était allumée. Une femme, debout au pied du lit, me regardait dormir. Elle tournait le dos à la lumière, & j'ai cru, dans le vague du réveil, que Dieu prenait pitié de moi en réalisant un de mes songes.

La femme s'est approchée. J'ai reconnu Laurence, Laurence tête nue, ayant sa belle robe de soie bleue. Cette robe de bal montrait ses épaules nues & violettes de froid. Laurence est venue m'embrasser.

— Mon ami, m'a-t-elle dit, je dois qua-
rante francs au propriétaire. Il vient de
me refuser la clef de ma porte, disant que
je n'aurais pas de peine à trouver un lit. Il
était trop tard pour chercher ailleurs. J'ai
songé à toi.

Elle s'est assise pour délacer ses bottines.
Je ne comprenais pas, je ne voulais pas
comprendre. Il me semblait que cette fille
s'était introduite chez moi dans une mauvaise intention. Cette lampe allumée je ne
savais comment, cette femme presque nue
au milieu de cette chambre glacée, m'effrayaient. J'étais tenté de crier au secours.

— Nous vivrons comme tu voudras,
a continué Laurence. Va, je ne suis pas
embarrassante.

Je me suis dressé pour m'éveiller complétement. Je commençais à comprendre,
& ce que je comprenais était horrible.
J'ai retenu une parole grossière qui me
montait aux lèvres : l'injure me répugne,
& je souffre la honte de ceux que j'insulte.

3.

— Madame, ai-je dit simplement, je suis pauvre.

Laurence a éclaté de rire.

— Tu m'appelles madame, a-t-elle repris. Es-tu fâché? que t'ai-je fait? Pauvre : je l'avais deviné, tu me respectais trop pour être riche. Eh bien! nous serons pauvres.

— Je ne pourrai vous donner ni chiffons ni fins repas.

— Crois-tu qu'on m'en ait souvent donné? Les hommes ne sont pas si bons pour les pauvres filles! Nous ne roulons en équipage que dans les romans. Pour une qui trouve une robe, dix meurent de faim.

— Je faisais deux petits repas, nous ne pourrons plus en faire qu'un : du pain séché pour en manger moins, & de l'eau claire.

— Tu veux m'effrayer. N'as-tu pas quelque père, ici ou ailleurs, qui t'envoie des livres & des vêtements que tu vends

ensuite? Nous mangerons ton pain dur &
nous irons au bal boire du champagne.

— Non, je suis seul, je travaille pour
vivre. Je ne saurais vous associer à ma misère.

Laurence, les jambes croisées, ne déla-
çait plus ses bottines. Elle songeait.

— Écoute, a-t-elle ajouté brusquement,
je suis sans pain & sans asile. Tu es jeune,
tu ne peux comprendre quelle eſt notre
éternelle détresse, même dans le luxe & la
gaieté. La rue eſt notre seul domicile;
ailleurs, nous ne sommes pas chez nous.
On nous montre la porte, & nous sortons.
Veux-tu que je sorte? tu as le droit de me
chasser, & moi la ressource d'aller coucher
sous les ponts.

— Je ne veux pas vous chasser. Je vous
dis seulement que vous avez mal choisi
votre gîte. Vous ne pourrez vous ac-
commoder de ma triſtesse ni de mon désert.

— Choisir! ah! tu crois qu'il nous eſt

permis de choisir ! Tiens, fâche-toi, mais
je suis entrée ici parce que je ne savais où
aller. J'étais montée furtivement pour passer la nuit sur une marche. Je me suis
appuyée à ta porte, & c'eſt alors que j'ai
songé à toi. Tu n'as pas de pain ; moi, je
n'ai pas mangé depuis hier, & mon sourire eſt si pâle qu'il ne me fera pas manger
demain. Tu vois que je puis reſter. J'aime
autant mourir ici que dans la rue : il y
fait moins froid.

— Non, cherchez encore, vous trouve-
rez plus riche & plus gai que moi. Plus
tard vous me remercierez de ne vous avoir
pas reçue.

Laurence s'eſt levée. Son visage avait
pris une indicible expression d'amertume
& d'ironie. Son regard ne suppliait pas :
il était insolent & cynique. Elle a croisé
les bras, m'a regardé en face.

— Allons, m'a-t-elle dit, sois franc : tu
ne veux pas de moi. Je suis trop laide,
trop misérable, que sais-je ? je te déplais &

tu me chasses. Tu ne peux payer la beauté
& tu veux que ta maîtresse soit belle. J'é-
tais sotte de ne pas songer à cela. J'aurais
dû me dire que je ne valais pas même la
misère, & qu'il me fallait descendre un
échelon. J'ai soif, les ruisseaux sont faits
pour boire; j'ai faim, le vol peut me nourrir. Tiens, je te remercie de tes conseils.

Elle a renoué sa robe & s'eft avancée
vers la porte.

— Sais-tu bien, a-t-elle continué, que
nous, les infâmes, nous valons encore
mieux que vous, les gens honnêtes?

Et elle a parlé longtemps d'une voix
âpre. Je ne puis rendre la force brutale de
son langage. Elle disait qu'elle se prêtait
à nos caprices, qu'elle riait, lorsque nous
lui disions de rire, & que nous tournions
la tête, plus tard, lorsque nous la rencon-
trions. Qui nous forçait à ses baisers, qui
nous poussait le soir dans ses bras, pour
que nous lui rendions tant de mépris au
grand jour? Moi, qui avais bien voulu

d'elle, pourquoi n'en voulais-je plus maintenant? Je n'avais donc pas songé qu'il eft un monde où la femme qui s'oublie aux bras d'un homme devient épouse? Parce qu'elle était souillée, j'avais pu la souiller encore impunément. Je n'avais pas même craint qu'elle vînt un soir me rappeler notre union. Elle n'exiftait plus pour moi, & peut-être l'avais-je rendue mère. Ainsi, nous avions pu nous lier sans garder rien de commun.

Elle eft reftée un inftant silencieuse. Puis elle a repris avec plus d'énergie :

— Eh bien! moi, je dis que tu mens, je dis que nous sommes époux & que j'ai tous les droits de l'épouse. Tu ne peux faire que ce qui eft ne soit pas. Tu as voulu cette union, & tu es un lâche de ne plus la vouloir. Tu es mien, je suis tienne.

Laurence avait oùvert la porte. Elle m'insultait, debout sur le seuil, pâle & sans colère dans la voix. J'ai sauté du lit, & je suis allé lui prendre le bras.

— Allons, refte, je le veux, lui ai-je dit.
Tu es glacée : couche-toi.

Vous le dirai-je, frères, je pleurais. Ce
n'était pas pitié. Les larmes coulaient
d'elles-mêmes sur mes joues, sans que je
sentisse autre chose qu'une immense &
vague triftesse.

Les paroles de cette fille venaient de me
frapper vivement. Son raisonnement, dont
la force lui échappait sans doute, me paraissait jufte & vrai. Je comprenais si
profondément qu'elle avait droit à ma
couche, que je ne l'en aurais pas chassée
sans croire blesser toute juftice. Elle était
femme encore, quoique souillée, & je ne
pouvais en user comme d'un objet sans
vie que le mépris & l'abandon n'attei-
gnaient pas. En dehors de tout, je devais
être pour elle ce que j'aurais été pour l'a-
mante de mon rêve. La vierge & la fille
perdue peuvent également venir un soir
d'hiver nous dire qu'elles ont froid,
qu'elles ont faim, qu'elles ont besoin de

nous. Nous accueillons l'une, nous chassons l'autre.

C'eſt que nous avons la lâcheté de nos vices. C'eſt que nous serions effrayés d'avoir près de nous le souvenir & le remords vivants de notre souillure. Il nous plaît de vivre honorés, &, lorsque nous rougissons à l'appel d'une maîtresse avilie, nous la renions pour expliquer notre rougeur par son impudence. Et nous faisons cela sans nous penser coupables, sans nous demander quelle juſtice demande cette fille. L'habitude a fait d'elle notre jouet, nous nous étonnons que ce jouet parle & qu'il se dise femme.

Moi, j'ai frémi devant la vérité. J'ai compris & j'ai pleuré. La queſtion m'a paru simple, claire, évidente. Les paroles de Laurence m'effrayaient sans me révolter. Je n'avais jamais songé qu'elle pouvait venir; mais elle venait, & je la recevais. Je ne saurais, frères, vous expliquer quels étaient mes sentiments. Mon esprit de

vingt ans acceptait dans leur sens absolu
ces mots qui n'admettaient aucune hésitation : Tu es mien, je suis tienne.

Ce matin, lorsque je me suis éveillé &
que j'ai trouvé Laurence à mon côté, j'ai
senti mon cœur se serrer d'angoisse. La
scène de la nuit s'était effacée. Je n'entendais plus ces vraies & rudes paroles qui
m'avaient fait recevoir cette fille. Le fait
brutal seul demeurait.

Je l'ai regardée dormir. Je la voyais
pour la première fois au jour, sans que
son visage eût l'étrange beauté de la souffrance ou du désespoir. Quand elle m'eſt
apparue ainsi, laide & vieillie, affaissée
dans un lourd sommeil de brute, j'ai frémi
devant cette face commune & fanée que
je ne connaissais pas. Je n'ai pu comprendre comment il se faisait que je m'éveillais
ayant une telle compagne. Je sortais
comme d'un rêve, & la réalité se montrait
si horrible que j'oubliais ce qui me l'avait
fait accepter.

Qu'importe, d'ailleurs? Que ce soit pitié,
juftice ou débauche, cette fille eft ma maîtresse. Ah! frères, aurais-je assez de larmes, & vous, aurez-vous assez de courage
pour les sécher!

VIII

Oui, je pense comme vous, je veux encore espérer, je veux faire de cette union
fatale une source de nobles aspirations.

Autrefois, lorsque notre pensée s'arrêtait
sur ces malheureuses filles, ce n'était
qu'avec miséricorde & pitié. Nous rêvions
la sainte tâche de la rédemption. Nous
demandions à Dieu de nous envoyer une
âme morte pour la lui rendre jeune &
blanche de notre amour.

La foi de nos seize ans devait faire croire
& s'incliner les pécheresses.

Alors nous étions Didier pardonnant à la Marion & l'avouant pour épouse au pied de l'échafaud. Nous grandissions la courtisane de la hauteur de nos tendresses.

Eh bien! aujourd'hui, je puis être Didier. Marion eſt là, tout aussi impure que le jour où il lui pardonna; sa robe dénouée de nouveau demande une main qui la referme; son front pâli réclame un souffle pur qui lui rende la rougeur de sa jeunesse. Ce que nous souhaitions dans notre sainte folie, je l'ai trouvé sans le chercher.

Puisque Laurence eſt venue à moi, je veux, au lieu de me souiller à la flétrissure de son cœur, lui donner la virginité du mien. Je serai prêtre, je relèverai la femme tombée & je pardonnerai.

Qui sait, frères, c'eſt peut-être une suprême épreuve que Dieu m'envoie. Peut-être veut-il, en me chargeant d'une âme, connaître toute la puissance de la mienne.

Il me réserve la tâche des forts & ne craint pas de m'unir au vice. Je vais être digne de son choix.

IX

Je désire faire oublier à Laurence ce qu'elle eft, la tromper sur elle-même par l'amitié sérieuse que je lui témoigne. Je ne lui parle qu'avec douceur, mes paroles sont toujours graves & décentes.

Lorsque quelques gros mots lui échappent, je feins de ne pas les entendre. Si son fichu s'écarte, je n'en vois rien, & la traite plutôt en sœur qu'en amante. J'oppose à sa vie bruyante d'hier une vie calme & réfléchie. Je semble ignorer que cette exiftence n'eft pas la sienne, je mets tant de naturel à la lui imposer qu'elle finira par douter du passé.

Hier, dans la rue, un homme l'a insul-
tée. Elle allait répondre quelque injure. Je
ne lui en ai pas laissé le temps. Je me suis
approché de l'homme qui était ivre, & je
l'ai pris au poignet, lui commandant de
respecter ma femme.

— Votre femme, m'a-t-il dit en raillant,
on les connaît ces femmes-là !

Alors, je l'ai secoué violemment, répétant mon ordre avec plus de hauteur. Il a
balbutié & s'en est allé demandant excuse.
Laurence a repris mon bras, silencieuse &
comme confuse du titre d'épouse que je
réclamais pour elle.

Je sens bien que trop d'austérité nuirait.
Je n'ai pas l'espoir d'un brusque retour
au bien, je voudrais ménager une habile
gradation qui empêchât ces pauvres yeux
malades d'être blessés par la lumière. Là
est toute la difficulté de la tâche.

J'ai remarqué que ces filles, femmes
avant l'âge, gardent longtemps l'insouciance & la puérilité de l'enfant. Elles

sont blasées, & joueraient volontiers encore à la poupée. Un rien les amuse, les
fait rire aux éclats ; elles retrouvent, sans
y songer, l'étonnement & le caressant ba-
bil des petites filles de cinq ans. Je me sers
de cette observation. Je donne des chiffons
à Laurence, ce qui nous rend grands amis
pendant une heure.

Vous ne sauriez croire l'émotion profonde que fait naître en moi cette éduca-
tion. Lorsque je crois avoir fait battre ce
cœur mort, je suis tenté de m'agenouiller
& de remercier Dieu. Sans doute, je m'exa-
gère la sainteté de ma mission. Je me dis
que l'amour d'une vierge me sanctifierait
moins que l'amour dont cette fille m'aimera peut-être un jour.

Ce jour est loin encore. Ma compagne
est embarrassée de mon respect. Elle que
l'insulte trouve sans honte, rougit lorsque
je lui adresse une bonne parole. Parfois je
la vois hésiter à me répondre, cherchant si
c'est bien à elle que je parle. Elle s'étonne

de n'être pas injuriée, & semble mal à l'aise
de mes délicates attentions. Ce masque
d'honnête fille que je la force à prendre, la
gêne : elle ne sait comment porter l'eftime.
Souvent je surprends un sourire sur ses
lèvres; elle doit croire que je me moque
d'elle, & me demande, par ce sourire, de
vouloir bien cesser cette plaisanterie.

Le soir, au coucher, elle éteint la bougie
avant de se délacer; elle attire à elle les
coins des couvertures, & profite de mon
sommeil pour sauter du lit le matin. Lorsqu'elle cause, elle cherche les mots; à
mon exemple, elle évite parfois de me
tutoyer.

Je ne sais pourquoi ces précautions
m'inquiètent : je vois là plus de contrainte
que de vraie chafteté. Je sens qu'elle agit
ainsi par crainte de me déplaire, mais que
pour elle il lui serait indifférent de se mettre nue & de parler la langue des halles.
Elle ne peut avoir eu aussi vite conscience
de la pudeur. Vous le dirai-je, frères ? Lau-

rence a peur de moi : tel eſt le réſultat d'une
semaine de respeƈt.

A peine levée, elle fait grande toilette;
elle court au miroir & s'y oublie pendant
une heure. Elle a hâte de réparer le déſor-
dre de la nuit. Ses cheveux, plus rares,
retombent, montrant des places nues ; ses
joues, dont le fard s'eſt effacé, sont pâles
& flétries. Elle sent qu'elle n'a plus sa jeunesse d'emprunt, & s'inquiète de mes regards. La pauvre fille, qui a vécu de sa
fraîcheur, craint que je ne la chasse le jour
où je verrai qu'elle ne l'a plus. Elle se
peigne laborieusement, gonflant ses boucles & dissimulant avec habileté celles qui
manquent; elle se noircit les cils, blanchit
ses épaules, rougit ses lèvres. Moi, pendant ce temps, je tourne le dos, feignant
de ne rien voir. Puis, lorsqu'elle s'eſt peint
la face & qu'elle se juge jeune et belle, elle
vient à moi, souriante. Elle eſt plus calme;
la pensée qu'elle gagne juſtement son pain
lui rend sa liberté d'allures. Elle s'offre

complaisamment; elle oublie que je ne
puis m'abuser sur ces belles couleurs, &
paraît croire qu'il doit me suffire de les lui
voir pendant une matinée.

Je lui ai fait entendre que je préférais
de l'eau claire aux pommades & aux cos-
métiques. J'ai même ajouté que j'aimais
mieux ses rides précoces que ce visage gras
& luisant dont elle se masque chaque jour.
Elle n'a pas compris. Elle a rougi, croyant
que je lui reprochais sa laideur, & depuis
lors elle s'efforce davantage de n'être pas elle.

Ainsi peignée & fardée, serrée dans sa
robe de soie bleue, elle se traîne de siége
en siége, nonchalante & ennuyée. N'osant
remuer, par crainte de déranger un pli de
sa jupe, elle demeuré assise le reftant du
jour. Elle croise les mains & s'endort les
yeux ouverts, dans une sorte de somnolence. Parfois, elle se lève, s'approche de
la fenêtre; là, elle appuie le front aux
vitres glacées, & se reprend à sommeiller.

Je l'ai vue active avant qu'elle ne fût ma

4

compagne; la vie agitée qu'elle menait
alors lui donnait une ardeur fébrile; sa
paresse était bruyante & acceptait avec
joie la rude tâche du vice. Aujourd'hui,
vivant de mon exiftence calme & ftudieuse,
elle a toute l'oisiveté de la paix sans en
avoir le travail doux & régulier.

Je devrais, avant tout, la guérir de sa
nonchalance & de son ennui. Je vois bien
qu'elle regrette les émotions poignantes de
la borne, mais elle eft d'une nature si peu
énergique qu'elle n'ose les regretter tout
haut. Je vous l'ai dit, frères, elle a peur
de moi, non pas peur de ma colère, mais
peur de l'être inconnu qu'elle ne peut comprendre. Elle saisit vaguement mes désirs,
& s'y plie, ignorante de leur véritable
sens. C'eft ainsi qu'elle se couvre sans être
chafte, qu'elle demeure sérieuse & tranquille sans cesser d'être oisive & paresseuse.
C'eft ainsi encore qu'elle pense ne pouvoir
refuser mon eftime, s'étonnant parfois,
mais ne cherchant jamais à en être digne.

X

Je souffrais de voir Laurence affaissée
& languissante. J'ai pensé que le travail
était le grand rédempteur, & que la joie
calme de la tâche accomplie lui ferait oublier le passé. Tandis que l'aiguille court
leftement, le cœur s'éveille, l'activité des
doigts donne à la rêverie une vivacité plus
gaie & plus pure. La femme, penchée sur
un métier, a je ne sais quel parfum de pudeur. Elle eft là, tranquille & se hâtant.
Hier, peut-être fille perdue dans une heure
de paresse, l'ouvrière d'aujourd'hui a retrouvé l'active sérénité de la vierge. Par-
lez à son cœur, il vous répondra.

Laurence m'a dit être lingère. J'ai désiré qu'elle reftât auprès de moi, loin des
ateliers; il m'a semblé que ces heures pai-

sibles passées ensemble, moi me contant
quelque hiſtoire, elle mêlant son rêve au
fil de la broderie, nous uniraient d'une
amitié plus douce & plus profonde. Elle a
accepté cette idée de travail, comme elle
accepte chacun de mes désirs, avec une
obéissance passive, singulier mélange
d'indifférence & de résignation.

Après quelques recherches, j'ai décou-
vert une vieille dame qui a bien voulu lui
confier un peu d'ouvrage pour juger de
son habileté. Elle a veillé jusqu'à minuit,
car je devais reporter cet ouvrage le lendemain matin. Je me suis couché avant elle,
& je l'ai regardée. Elle paraissait dormir;
son morne accablement ne l'avait pas
quittée. L'aiguille, courant froide & régulière, me disait que le corps seul travail-
lait.

La vieille dame a trouvé la mousseline
mal brodée; elle m'a déclaré que c'était là
le travail d'une mauvaise ouvrière, & que
je ne trouverais personne qui se contentât

de ces grands points & de ce peu de grâce.
J'avais craint ce qui arrivait : la pauvre fille,
ayant eu des bijoux à quinze ans, ne pouvait en savoir long. Heureusement, quant
à moi, je cherchais dans son travail la
lente guérison de son cœur, & non l'habileté de ses doigts, ni le gain de ses veilles.
Pour ne pas la rendre à l'oisiveté en lui
imposant moi-même une tâche, j'ai résolu
de lui cacher le refus décourageant de la
vieille dame.

J'ai acheté une bande de broderie, & je
suis rentré, lui disant que son ouvrage
était accepté & qu'on lui en confiait d'autre. Puis je lui ai remis les quelques sous
qui me reftaient, comme salaire de sa première veille. Je savais que le lendemain
peut-être je ne pourrais agir ainsi, & je le
regrettais. J'aurais désiré lui faire aimer la
saveur du pain gagné honnêtement.

Laurence a pris l'argent, sans s'inquié-
ter du repas du soir. Elle a couru faire em-
plette d'une rangée de boutons en velours

pour sa robe bleue, qui se déchire & se ta-
che déjà. Jamais je ne l'avais vue aussi active ; un quart d'heure lui a suffi pour
coudre ces boutons. Elle a fait grande toilette, puis s'eſt admirée. La nuit eſt venue,
& elle allait & venait encore par la chambre, regardant sa nouvelle parure. Comme
j'allumais la lampe, je lui ai dit doucement
de se mettre au travail. Elle a semblé ne
pas m'entendre. Je lui ai répété mes paroles, & alors elle s'eſt assise brusquement,
saisissant la broderie avec colère. Mon
cœur s'eſt brisé.

— Laurence, lui ai-je dit, je ne veux
pas que tu travailles par contrainte. Laisse
là l'aiguille, s'il te plaît de ne rien faire.
Je ne me sens pas le droit de t'imposer une
tâche : tu es libre d'être bonne ou mauvaise.

— Non, non, m'a-t-elle répondu, tu
désires que je travaille beaucoup. Je comprends qu'il me faut te payer ma nourriture & ma part de loyer. Je pourrai même

payer pour toi, en veillant plus tard.

— Laurence! ai-je crié douloureuse-
ment. Va, pauvre fille, sois heureuse : tu
ne toucheras plus une aiguille. Donne-
moi cette broderie.

Et j'ai jeté la mousseline au feu. Je l'ai
regardée brûler, regrettant ma vivacité. Je
n'avais pas été maître de mon angoisse, &
je me désolais de sentir Laurence m'échapper de nouveau. Je venais de la rendre à
la paresse. Je frémissais à cette pensée ou-
trageante de gain, je comprenais qu'il
ne m'était plus possible de lui conseiller
le travail. Ainsi, c'en était fait : une parole avait suffi pour que je lui défendisse
moi-même la rédemption.

Laurence n'a pas semblé surprise de
mon brusque mouvement. Je vous l'ai dit,
elle accepte plus aisément la colère que
l'affection. Elle a même souri de vaincre
ce qu'elle appelle mon ennui. Puis elle a
croisé les mains, heureuse de son oisiveté.

Triste, remuant les cendres chaudes, j'ai

songé par quelle parole, par quel sentiment éveiller cette âme. Je me suis effrayé
de n'avoir pu lui rendre encore la fraîcheur
de sa jeunesse. Je l'aurais voulue ignorante,
avide de connaître. Je désespérais de cette
indifférence morne, de cette nuit contente
de son ombre, & si épaisse qu'elle se refusait au jour. Vainement je frappais au
cœur de Laurence : rien ne répondait. C'é-
tait à croire que la mort avait passé là &
qu'elle avait desséché chaque fibre. Un
seul frémissement, je l'aurais crue sauvée.

Mais que faire de ce néant, de cette
créature désolée, marbre insensible que
l'affection ne pouvait animer. Les statues
m'épouvantent : elle me regardent sans
me voir, m'écoutent sans m'entendre.

Puis, je me suis dit que la faute était
peut-être à moi, si je ne pouvais me faire
comprendre. Didier aimait la Marion; il
ne cherchait point à sauver une âme, il
aimait simplement, & il fit ce miracle que
ma raison & ma bonté cherchaient en vain

à accomplir. Un cœur ne s'éveille qu'à
la voix d'un cœur. L'amour eſt le saint
baptême qui, de lui-même, sans la foi,
sans la science du bien, remet tous les
péchés.

Moi, je n'aime pas Laurence. Cette fille,
froide & ennuyée, ne me cause que dégoût.

Sa voix, son geſte, me semblent des in-
sultes ; sa personne entière me blesse. Privée de toute délicatesse d'esprit, elle rend
odieuse la meilleure parole & met un ou-
trage dans chacun de ses sourires. En elle
tout devient mauvais.

J'ai voulu feindre la tendresse, & je me
suis approché. Elle eſt reſtée immobile,
penchée vers le foyer, m'abandonnant ses
mains froides & inertes. Alors, je l'ai atti-
rée près de moi. Elle a levé la tête, me
questionnant du regard. Sous ce regard,
j'ai reculé, en la repoussant.

— Que veux-tu donc ? m'a-t-elle dit.

Ce que je voulais ! Mes lèvres se sont

ouvertes pour lui crier : — Je veux que
tu laisses là ce corsage de soie qui s'ouvre
au premier désir qui l'effleure. Je veux
que tu aimes, que tu sentes dans le baiser
d'un amant la caresse d'un frère. Je veux
que notre union ne soit pas un marché,
que tu ne me vendes pas ton corps pour
acheter l'abri de mon toit. Comprends-
moi, par pitié, ne m'insulte pas!

Frères, j'ai gardé le silence. Si je l'avais
aimée, j'aurais sans doute parlé, peut-être
m'aurait-elle compris.

XI

J'ai cru manquer d'habileté & de pru-
dence. Je me suis hâté, j'ai passé outre,
sans demander à Laurence si elle me com-
prenait. Moi, qui ignore la vie, comment
puis-je en enseigner la science? Que sau-

rais-je mettre en œuvre, si ce n'eſt des
syſtèmes, des règles de conduite rêvées à
seize ans, belles en théorie, absurdes en
pratique? Me suffit-il d'aimer le bien, de
tendre vers un idéal de vertu, vagues aspirations dont le but lui-même eſt indé-
terminé? Lorsque la réalité eſt là, je sais
combien ces désirs se formulent peu, combien je suis impuissant dans la lutte qu'elle
m'offre. Je ne saurai l'étreindre ni la vaincre, ignorant de quelle façon la saisir & ne
pouvant même m'avouer quelle viĉoire
je demande. Une voix crie en moi que je
ne veux pas de la vérité; je ne désire point
la changer, la rendre bonne de mauvaise
qu'elle me paraît. Que le monde qui exiſte,
demeure; j'ose vouloir créer une nouvelle
terre sans me servir des débris de l'an-
cienne. Alors, n'ayant plus de base, l'écha-
faudage de mes songes croule au moindre
heurt. Je ne suis plus qu'un inutile pen-
seur, amant platonique du bien que ber-
cent de vaines rêveries & dont la puis-

sance s'évanouit dès qu'il touche la terre.

Frères, il me serait plus facile de donner des ailes à Laurence que de lui donner un cœur de femme.

Nous sommes de grands enfants. Nous ne savons que faire de cette sublime réalité qui nous vient de Dieu & que nous gâtons à plaisir par nos rêves. Nous sommes si maladroits à vivre que la vie en devient mauvaise. Sachons vivre, le mal disparaîtra. Si je possédais le grand art du réel, si j'avais conscience d'un paradis humain, si je pouvais diftinguer la chimère du possible, je parlerais, Laurence m'entendrait. Je saurais que reprendre en elle & que lui proposer en exemple. Science délicate qui me ferait pénétrer les causes de sa chute & trouver un remède à chaque plaie de son cœur. Mais que faire, lorsque mon ignorance dresse une barrière entre elle & moi? Je suis le rêve, elle eft la réalité. Nous marcherons côte à côte sans jamais nous rencontrer, &, notre course finie, elle ne

m'aura pas entendu, je ne l'aurai pas com-
prise.

J'ai pensé devoir revenir sur mes pas
pour prendre Laurence telle qu'elle eſt &
lui faire parcourir la route que ses pieds
humains lui permettent. J'ai voulu étudier
la vie avec elle, descendre pour tâcher de
remonter ensemble. Puisqu'il me fallait
tâtonner dans ce rude labeur, c'eſt du dernier degré que j'ai désiré partir.

Ne serait-ce pas une assez grande ré-
compense si je l'amenais à me donner tout
l'amour dont elle eſt capable ? Frères, je
crains bien que nos rêves ne soient pas
seulement des mensonges; je les sens petits
& puérils en face d'une réalité dont j'ai
vaguement conscience. Il eſt des jours où
plus loin que les rayons & les parfums,
plus loin que ces visions indécises que je
ne puis posséder, j'entrevois les contours
hardis de ce qui eſt. Et je comprends que
là eſt la vie, l'action, la vérité, tandis que,
dans le milieu que je me crée, s'agite un

5

peuple étranger à l'homme, ombres vaines
dont les yeux ne me voient pas, dont les
lèvres ne sauraient me parler. L'enfant
peut se plaire à ces amis froids & muets;
ayant peur de la vie, il se réfugie dans ce
qui ne vit pas. Mais nous, hommes, nous
ne devons point nous contenter de cet
éternel néant. Nos bras sont faits pour
étreindre.

Hier, comme j'étais sorti avec Laurence,
nous avons rencontré une troupe de gens
masqués, entassés dans une voiture & se
rendant au bal, ivres, échevelés, à grand
tapage. Voici janvier, le mois terrible. La
pauvre fille s'eft émue aux cris de ses frères. Elle leur a souri & s'eft tournée pour
les voir plus longtemps. C'était sa gaieté
de la veille qui passait, ses insouciances,
sa vie folle & si âcre qu'on ne peut en
oublier les cuisantes joies. Elle eft rentrée
plus trifte & s'eft couchée, malade de silence
& de solitude.

Ce matin, j'ai vendu quelques hardes, je

suis allé louer un coſtume pour Laurence,
je lui ai annoncé que nous irions au bal
le soir même. Elle m'a sauté au cou, puis
elle s'eſt emparée du coſtume & m'a oublié.
Elle a contemplé chaque ruban, chaque
paillette; impatiente de se parer, elle a jeté
sur ses épaules ces lambeaux de satin,
s'enivrant du frémissement de l'étoffe. Parfois elle se tournait, me remerciant d'un
sourire. J'ai compris qu'elle ne m'avait
jamais tant aimé, & j'ai failli lui arracher
des mains ces chiffons qui me valaient
l'eſtime que toute ma bonté n'avait pu
m'attirer.

Enfin, je me faisais entendre. Je cessais
d'être pour elle un être inconnu, effrayant
d'auſtérité & d'ennui. J'allais au bal comme
les autres amants; comme eux, je louais
des coſtumes, j'égayais mes maîtresses. J'é-
tais un charmant garçon, aimant ainsi que
tout le monde les épaules nues, les cris &
les jurons. Ah! quelle joie! ma sagesse
mentait.

Laurence s'eft sentie en pays de connaissance; elle n'a plus eu peur, elle a repris sa liberté d'allures, éclaté de rire à
pleine bouche. Ses paroles grossières, ses
geftes libres la pénétraient de bien-être.
Elle était à l'aise dans sa nudité.

Je l'avais voulu, mais j'avais espéré
qu'un mois de tranquillité, sans faire d'elle
une honnête fille, l'aurait amenée à oublier
un peu la fille d'hier. J'avais cru que,
lorsque tomberait le masque, la face qui
se montrerait alors aurait moins d'affaissement dans les lèvres & plus de rougeur
au front. Non, j'avais devant moi les mêmes
traits flétris, le même rire épais & bruyant.
Telle cette femme était entrée dans ma
mansarde, vendant son corps pour un abri,
telle je la retrouvais, après avoir pendant
un mois protefté chaque jour contre l'infamie de ce marché. Elle n'avait rien ap-
pris, rien oublié; &, si ses regards brillaient d'une expression nouvelle, c'était de
la misérable joie de voir que je semblais

enfin accepter son corps en payement.
Devant cet étrange résultat, je me suis
demandé si ce n'était pas raillerie que de
tenter de nouveau. J'avais voulu une Laurence réelle, & cette Laurence, où courait
un souffle de vie, m'effrayait davantage
peut-être que la morne créature de la
veille. Mais la lutte promettait d'être si
âpre que j'entendais, tout au fond de moi,
mon audace de vingt ans se révolter de ma
répugnance & de mon effroi.

Comme sonnaient six heures, bien que
le bal ne s'ouvrît qu'à minuit, Laurence
s'eft mise à sa toilette. La chambre n'a
bientôt plus été que désordre; l'eau, re-
jaillissant de la cuvette & s'égouttant des
linges mouillés, inondait le carreau; la
mousse du savon, tombée des mains, s'élar-
gissait sur le sol en plaques blanchâtres;
le peigne était à terre, près de la brosse,
& les vêtements, oubliés sur les chaises,
sur la cheminée, dans les coins, trem-
paient au milieu des flaques. Laurence,

pour être plus à l'aise, s'était accroupie.
Elle s'eſt lavée énergiquement, se jetant à
pleines mains l'eau à la face & aux épaules.
Le savon, souillé de poussière, lui laissait,
malgré ce déluge, de larges taches sur la
peau. Alors elle s'eſt désespérée & m'a
appelé à son secours. Son dos était tout
noir, disait-elle; elle ne pouvait y atteindre.

Puis, elle s'eſt levée, grelottante, les
épaules rouges, & m'a donné la serviette.

La clef était reſtée sur la porte. Comme
je posais le linge glacé sur la nuque de
Laurence, Pâquerette eſt entrée. Cette
vieille femme vient ainsi parfois, en quête
de quelques tisons, & la pitié m'empêche
de la chasser de dégoût.

—Ah! ma bonne, lui a crié ma compagne, viens donc m'aider un peu. Claude
a peur de me faire mal.

Pâquerette a pris le linge, & s'eſt mise
à frotter de toute la force de ses bras mai-

gres. Elle ne paraissait pas étonnée de ce
désordre ni de cette femme nue. Elle promenait complaisamment ses mains roi-
dies sur ces épaules fraîches encore, en-
viant leur blancheur, songeant aux plaisirs
d'autrefois. Laurence, la tête tournée à
demi, lui souriait & frémissait par se-
cousse, haletante, au contact subit d'une
eau plus froide.

— Où vas-tu donc, ma fille? a demandé
l'horrible petite vieille.

— Claude me conduit au bal.

— Ah! c'eſt bien, cela, monsieur, a repris Pâquerette, s'arrêtant & se retournant
vers moi.

Puis, prenant un linge sec, elle a continué, tout en essuyant Laurence avec
amour :

— Je songeais ce matin que vous deviez
mourir de triſtesse à reſter ainsi toujours
enfermés dans cette chambre. C'eſt une
bonne enfant que vous avez là, monsieur.
J'en sais plus d'une qui vous aurait quitté

vingt fois. Là, ma fille, te voilà belle; tu
auras bien des galants, cette nuit. Êtes-
vous jaloux?

Je n'ai pu répondre. Je souriais machi-
nalement, suivant du regard cette scène
étrange. Une même pensée qui revenait
sans cesse à mon esprit, m'empêchait d'entendre. C'était celle d'une vieille gravure
que j'avais vue je ne savais où, représen-
tant Vénus à sa toilette, baignée par des
nymphes, caressée par de petits Amours.
La déesse s'abandonne aux bras de ses
femmes, jeunes & belles comme elle; l'é-
cume des vagues voile seule leur voluptueuse nudité; &, sur la rive, un vieux
faune, devant tant de jeunesse & de fraîcheur, oublie ses désirs dans une muette
admiration.

— Il eft jaloux, il eft jaloux, a répété
Pâquerette avec un rire aigu, coupé de
hoquets. Tant mieux pour toi, ma fille, il
te fera plus de cadeaux, & tu le tromperas
plus aisément. J'ai eu jadis un amant qui

vous ressemblait fort, monsieur : un peu
plus petit, je crois, mais les mêmes yeux,
la même bouche, jusqu'aux cheveux qu'il
portait, ainsi que vous, rejetés en arrière.
Il m'adorait, m'accablait de caresses, me
suivait partout, ce qui fit que je le quittai
au bout de huit jours.

Tandis qu'elle bavardait, Laurence
s'était couverte. Elle s'eſt peignée, debout
devant la glace, sérieuse & recueillie. La
vieille, droite auprès d'elle, a cessé de parler, contemplant avec dévotion les paquets
de fard & les fioles d'huile aromatique,
parfumerie grossière achetée à bas prix
aux étalages en plein vent. Ces femmes
m'oubliant, je me suis assis dans un coin.

La glace me renvoyait leurs images ;
ces deux faces, malgré les rides de l'une &
la fraîcheur relative de l'autre, me semblaient sœurs, dans leur commune expression d'avilissement. Mêmes regards trou-
blés par les nuits ardentes, mêmes lèvres
déformées sous de brutales caresses. A

5.

peine lisait-on sur leurs joues flétries le
nombre d'années qui séparait leur âge.
Toutes deux étaient également vieilles de
débauche. Un inſtant, je me suis cru l'a-
mant de Pâquerette, & j'ai fermé les
yeux.

Elles m'oubliaient. Par moments, elles
échangeaient une parole à demi-voix.
Laurence jurait, frappant du pied, lorsque
quelques cheveux rebelles refusaient de se
boucler. Alors la petite vieille parlait de
ses blondes tresses d'autrefois ; elle décri-
vait la coiffure des filles de son temps, &,
pour se mieux faire entendre, disposait à
son tour ses cheveux gris devant le miroir.
Puis, c'étaient de longues louanges sur la
jeunesse de ma compagne, des doléances
sans fin sur les ennuis du vieil âge. Les rides
étaient venues avant la lassitude du corps ;
de là, le grand regret de n'avoir pas épuisé
la vie à vingt ans. Aujourd'hui, il fallait
vivre sans se hâter, dans le silence & l'ombre, ayant au cœur une admiration ja-

louse pour celles qui pouvaient encore
vieillir.

Laurence écoutait, répondant par des
queſtions, demandant si telle boucle lui
séyait, quêtant de nouveaux éloges. Puis,
lorsque les cheveux, longtemps tra-
vaillés, se sont trouvés épaissis à souhait,
il s'eſt agi de peindre la face. Alors Pâquerette a voulu mettre la main au chef-d'œuvre. Elle a pris du rouge & du bleu sur de
petits tampons de ouate & les a légèrement
promenés le long des joues, autour des
yeux de la jeune femme. Elle a agrandi
les paupières, purifié le front, donné la
santé aux lèvres. Et, comme nous, pauvres
rêveurs qui plâtrons la réalité de couleurs
discordantes & qui crions ensuite à la
création, elle s'eſt émerveillée de son ouvrage, sans voir que, par inſtants, sa main
tremblante brouillait les traits, exagérait
la pourpre de la bouche & la grandeur des
paupières. Sous ses doigts, ce visage a
changé horriblement pour moi. Il a pris,

par endroits, des teintes mates & terreuses, tandis que d'autres parties luisaient, frottées d'onguent mis pour fixer le fard. La peau tendue & irritée grimaçait; la face entière, à la fois vermeille & flétrie, avait le sourire niais des poupées de carton. Les tons en étaient si criards & si faux qu'ils blessaient la vue.

Laurence, droite & immobile, le regard demi-tourné vers le miroir, s'eſt laissée complaisamment rajeunir. Elle effaçait de l'ongle les traits trop accusés. Sérieuse, se penchant, elle étudiait quelques secondes chacune des beautés que Pâquerette lui donnait.

L'œuvre terminée, celle-ci s'eſt reculée de quelques pas pour mieux juger. Puis, satisfaite, elle s'eſt écriée :

— Ah! ma fille, tu n'as plus que quinze ans.

Laurence lui a souri. Toutes deux étaient de bonne foi; elles admiraient franchement, ne doutant point du miracle opéré. Alors elles se sont souvenues de moi. La jeune femme, fière de ses quinze ans, eft venue m'embrasser, voulant me donner la virginité de sa jeunesse d'une nuit. Ses épaules découvertes avaient cette odeur fraîche & fade d'une personne qui sort du bain. Au contaét de ses lèvres, froides, humides de fard, j'ai frissonné de dégoût.

— Songe à moi, ma fille, a dit Pâque-rette en se retirant. Les vieilles femmes aiment les sucreries.

Reftés seuls, nous avons dû attendre deux grandes heures. Je n'ai pas souvenance d'un ennui aussi profond. Cette attente d'un plaisir qui me répugnait, avait je ne sais quoi de douloureux, & les impatiences de Laurence retardaient encore pour moi la marche lente des minutes.

Elle s'était assise sur le lit, dans son costume de satin rose pailleté d'or; ce clinquant jurait le plus étrangement du monde, se détachant sur le papier enfumé de la

chambre. La lampe se mourait, le silence
n'était interrompu que par le bruit de la
pluie frappant les vitres. Frères, j'ignore
si j'ai tout au fond de moi quelque sentiment honteux. Je veux le dire à vous qui
devez connaître mon être entier : en face
de cette femme, abandonné de mes chères
pensées de chaque jour, je me suis pris à
souhaiter Laurence jeune & belle ; j'ai désiré pouvoir changer cette mansarde en
myſtérieuse retraite, disposée pour ce que
la volupté a de plus âpre. Et alors, j'aurais
contenté les rêves de mes mauvaises heures.
Ce qui me répugnait, ce n'était plus le
vice, mais la laideur & la misère.

Enfin, je suis allé chercher une voiture
& nous sommes partis. Malgré l'heure
avancée, les rues étaient encore pleines de
bruits & de lumières. Il y avait des éclats
de rire au coin de chaque borne, des grou-
pes d'ivrognes & de filles dans chaque cabaret. Rien n'était plus odieux à voir que
ce peuple courant dans la boue, se cou-

doyant aux refrains de chansons obs-
cènes. Laurence, penchée à la portière,
riait en bonne fille de cette joie grossière;
elle interpellait les passants, cherchant
l'injure, heureuse de pouvoir engager cette
guerre de gros mots que se font les mas-
ques entre eux. Comme je restais muet :

— Eh bien! que fais-tu là? m'a-t-elle
dit. Est-ce pour dormir que tu me conduis
au bal?

Je me suis penché à mon tour, j'ai cherché quelqu'un à insulter. J'aurais volontiers levé le poing sur une de ces brutes
qu'amusait un pareil spectacle. En face de
moi, sur le trottoir, se tenait un grand
jeune homme débraillé; un cercle de rieurs
l'entourait, applaudissant à chacun de ses
jurons. J'étais exaspéré. Je l'ai menacé du
geste, je lui ai jeté au passage ce que j'ai
pu trouver de plus offensant.

— Et ta femme! a-t-il crié, mets-la donc
un peu par terre, qu'on puisse y toucher !

La tranquille grossièreté de cet homme

a changé ma colère en une inexprimable
triftesse. J'ai haussé la glace & j'ai appuyé
mon front contre cette vitre humide, laissant Laurence à son trifte plaisir. J'étais
comme bercé par les cris de la foule & par
le roulement sourd de la voiture ; je voyais,
de cette vue indécise du rêve, les passants
fuir derrière moi, ombres bizarres qui
grandissaient & s'évanouissaient sans pré-
senter aucun sens à mon esprit. Et, dans
ce bruit, dans cette brusque succession
d'ombres & de clartés, je me souviens
d'avoir tout oublié, un inftant, à regarder,
entre les pavés, les flaques d'eau & de
boue, où les lampes des boutiques jetaient
de rapides reflets.

C'eft ainsi que nous sommes arrivés à la
salle de bal.

A demain, frères. Je ne puis tout dire en
un jour.

XII

O mes souvenirs, compagnons fidèles,
je ne puis faire un pas en ce monde sans
que vous vous dressiez devant moi ! Lorsque, Laurence au bras, du haut d'une galerie, j'ai jeté un regard rapide autour de
la salle pleine de bruits & de lumière, j'ai
revu, dans une vision soudaine & douloureuse, l'aire pavée de cailloux où les filles
de Provence dansent, le soir, au son du
fifre & du tambourin. Comme nous nous
moquions alors ! Les paysannes, non pas
celles de nos songes, celles qui avaient des
visages & des cœurs de reines, mais les
pauvres créatures que la terre ardente flé-
trit avant le temps, nous paraissaient sauter avec lourdeur, nous jetant un rire niais
au passage. Nos yeux se fermaient à toute

réalité. Nous apercevions, au delà des horizons, d'immenses palais, des salles au
pavé de marbre, aux voûtes hautes & do-
rées, emplies de tout un peuple de jeunes
femmes qui s'agitaient avec une large har-
monie, dans un nuage de dentelle étoilé de
diamants. Vraiment, nous étions de grands
enfants. Aujourd'hui, frères, les paysannes
sont vengées de nos dédains.

Je voyais, de la galerie où je me trouvais, une sorte de salle oblongue, assez
vaſte, ornée de peintures & de dorures dé-
teintes. Une fine poussière, que soulevaient
les pieds des danseurs, montait lentement
du plancher, comme un brouillard, & emplissait la voûte. Les flammes claires du
gaz rougissaient dans cette nuée ; toutes
choses prenaient une apparence vague,
une étrange couleur de vieux cuivre. Puis,
au fond, galopait une ronde effrayante de
créatures qu'on ne pouvait diſtinguer ; la
furie de leurs geſtes semblait se communiquer à l'air épais & nauséabond ; dans

cet oscillement, je croyais voir les murailles s'agiter, tourner avec la foule. Une clameur perçante, accompagnée d'une sorte de roulement continu, dominait l'orcheſtre.

Je ne saurais vous dire mon impression première en ce lieu, où chaque chose vivait pour moi d'une vie particulière & inconnue. Les bruits qui glapissaient, rires sonores éclatant en sanglots, les lumières aux lueurs rouges, les mouvements effrayants de folie, les senteurs âcres & étouffantes, tout m'arrivait en une sensation aiguë qui emplissait mon être d'un vague effroi, auquel se mêlait une volupté doulou - reuse. Je ne pouvais rire, car je sentais ma gorge se serrer, & cependant je ne pouvais détourner la tête, jouissant d'une joie cuisante dans ma souffrance. Je comprends aujourd'hui l'attrait de ces soirées brûlantes. Au premier jour, on frémit, on se refuse à la terrible gaieté ; puis l'ivresse vient, &, la tête perdue, on s'abandonne au gouffre. Les âmes communes sont vite acquises.

Celles qui ont la force de leurs rêves, —
oserai-je, frères, me compter parmi ces dernières? — se révoltent, &, dans leur franchise, regrettent les aires de Provence où
les lourdes paysannes dansent au milieu
de la nuit fraîche & transparente.

De la galerie où nous étions, nous ne
pouvions voir que l'ensemble de la scène.
Nous sommes descendus, gagnant le bas
par des escaliers & des coulcirs étroits &
obscurs. Arrivés dans la salle, nous avons
dû suivre un mince sentier ménagé entre
les murs & les quadrilles. Tout désir s'en
eſt allé, je n'ai plus eu que du dégoût.
Les femmes étaient vêtues de loques, de
soie en lambeaux, pailletée de cuivre
noirci; leurs épaules nues ruisselaient;
le fard, par larges mares, par longues traî-
nées, rougissait, bleuissait leur peau. Une
d'elles, le visage enflammé, la voix enrouée,
s'eſt tournée vers moi, geſticulant & criant.
L'étrange, la laide figure! Je la reverrai
dans mes mauvais songes.

Je ne me souviens point d'avoir aperçu
les hommes. Ils étaient, ce me semble,
droits & immobiles pour la plupart, regardant avec un grand calme les sauts
désordonnés des femmes. Je ne saurais dire
quelles gens ce pouvaient être, ni s'ils paraissaient comprendre toute leur sottise.

Las déjà, sentant ma tête se fendre, j'ai
gagné une table, traînant toujours Laurence à ma suite. Nous nous sommes assis,
& j'ai bu ce qu'on nous a servi, étudiant
ma compagne.

Laurence, à son entrée, avait souri, frémissant d'aise, aspirant largement cet air
vicié, si doux à ses lèvres. Le sourire s'était
bientôt évanoui, elle avait repris son visage
morne. Parfois, elle allongeait le bras &
touchait la main à une femme, à un homme
qui passaient. Alors, le sourire se montrait
quelques secondes, puis il disparaissait de
nouveau. Renversée à demi sur sa chaise,
les pieds appuyés sur un petit banc, elle
se balançait avec lenteur, regardant dans

la salle d'un air attentif & ennuyé à la fois.
Elle promenait ses regards de groupe en
groupe, silencieuse, tournant la tête à chaque nouveau bruit, semblant vouloir ne
rien laisser échapper. Mais il y avait tant
de fatigue dans son attention, que je me
demandais, à voir sa face pâle & désolée,
quel singulier plaisir elle pouvait ressentir
pour en témoigner si peu.

A deux reprises, croyant que ma présence
la gênait, je lui ai dit de me quitter, si bon
lui semblait, d'aller voir ses amies, de dan-
ser en toute liberté.

—Eh! pourquoi me lèverais-je? m'a-t-elle
répondu tranquillement. Je suis bien, je
suis contente. Es-tu las de m'avoir près
de toi?

C'est ainsi que nous avons passé cinq
heures face à face, dans un coin de la salle,
moi dessinant sans le savoir des bons hommes sur le marbre de la table avec les quelques gouttes de liqueur tombées d'un ca-
rafon, elle gardant une gravité & un silence

désespérants, les mains croisées sur sa jupe que tendaient ses genoux écartés. J'avais fini par ne plus avoir conscience de ce qui se passait autour de moi. Le bal tirant vers sa fin, j'étouffais davantage. C'eſt la seule & dernière sensation dont je me souvienne. Lorsque le galop final m'a tiré de cette sorte de ſtupeur profonde, j'ai vu Laurence se lever; elle a juré & a donné un coup de pied au petit banc qui s'était embarrassé dans ses jupons; puis, elle a pris mon bras, nous avons fait un dernier tour dans la salle avant de sortir. Sur le seuil, Laurence s'eſt tournée en bâillant, jetant un dernier regard à la ronde échevelée des danseurs qui vociféraient au milieu d'un vacarme épouvantable.

En mettant le pied dans la rue, un vent glacial, qui m'a frappé au visage, m'a causé une sensation délicieuse. Je me suis senti renaître au bien, à la vie libre & énergique; l'ivresse s'eſt dissipée, &, sous la pluie fine de décembre, j'ai eu un instant d'ineffable

volupté, jetant là tous les dégoûts de cette
nuit brûlante. J'ai eu conscience de ces
misères que je quittais, j'aurais voulu
m'en aller par les rues, laissant l'eau glacée
me pénétrer & renouveler mon être.

Laurence tremblait à mon côté. Elle
avait noué son mouchoir sur ses épaules
nues ; n'osant s'aventurer, elle regardait
d'une façon désespérée le ciel sombre
& les ruisseaux qui inondaient les trottoirs. La pauvre fille n'avait à attendre
de ce ciel d'hiver que quelque fluxion de
poitrine.

Il me reftait deux francs. J'ai couru arrêter un fiacre, j'y ai fait monter Laurence. Elle s'eft blottie dans un des coins,
& là, s'eft tenue silencieuse, sans cesser de
trembler. Je la diftinguais, à ma gauche,
comme une blancheur effacée. Parfois, une
goutte de pluie, reftée sur ses vêtements,
roulait jusqu'à ma main.

Au bout d'un inftant, une sorte d'accablement m'a pris, le sommeil a fermé mes

yeux. Dans cette somnolence, il me semblait entendre la clameur du bal; les cahots
de la voiture m'enlevaient comme dans une
danse furieuse, & les essieux, aux cris ai-
gres, jouaient ces airs qui, toute la nuit,
m'avaient empli les oreilles. Lorsque, fiévreux & obsédé, j'ouvrais les paupières,
je regardais ftupidement les murs de cette
étroite caisse qui me paraissait pleine de
fanfares & de tumulte. Puis, je sentais un
grand froid ; je me souvenais, retrouvant
sous ma main la main glacée de Laurence.
Au dehors la pluie tombait, les lumières
vacillantes fuyaient rapidement.

La fatigue l'emportait, & de nouveau
j'étais entraîné au milieu de rondes gigan-
tesques, sans cesse renaissantes. Il me
semble aujourd'hui me souvenir vaguement d'avoir ainsi dansé pendant de longues heures. Je me trouvais cloué sur
une banquette, au côté d'une femme qui
frissonnait, &, je ne sais comment, je tour-
nais dans une sorte de boîte qui roulait

avec fracas au fond d'un gouffre glacial.

Remonté dans ma chambre, tandis que
Laurence ôtait son coſtume, j'ai jeté dans
la cheminée tout le bois qui me reſtait.
Puis, je me suis hâté de me mettre au lit,
heureux comme un enfant de me retrouver
dans ma misère, regardant avec amour
les grandes clartés & les grandes ombres
que les flammes du foyer faisaient monter
le long de mes pauvres murs. Le calme
s'était fait en moi, dès le seuil de cette
chambre retirée; la tête sur l'oreiller, paisible, presque souriant, je regardais ma
compagne qui, pensive devant le feu, quittait un à un ses vêtements.

Elle eſt bientôt venue s'asseoir à mes
pieds, sur le bord du lit. Rompant enfin
le silence qu'elle avait gardé jusque-là,
elle s'eſt mise à parler avec volubilité.

Enveloppée dans sa chemise, les pieds
repliés sous elle & les mains jointes ramenant les genoux, elle riait aux éclats, penchant la tête en arrière. Elle semblait avoir

hâte de rendre toutes les paroles, toutes
les gaietés amassées.

Pendant près d'une heure, elle m'a entretenu des mille incidents du bal. Elle
avait tout vu, tout entendu. C'étaient des
exclamations sans fin, des joies soudaines,
des souvenirs pressés & tumultueux. Un
monsieur avait glissé de telle façon, une
dame avait juré de telle autre ; Jeanne portait un coſtume de laitière qui lui séyait à
merveille ; Louise était laide en Écossaise ;
quant à Édouard, il avait certainement
engagé sa montre le matin même. Et elle
ne tarissait pas, trouvant toujours quelque
nouveau détail, répétant dix fois le même
fait plutôt que de se taire. Puis, comme le
froid la prenait, elle s'eſt enfin couchée.
Elle m'a affirmé ne s'être jamais tant amu-
sée au bal & m'a fait jurer de l'y conduire
de nouveau dès que je le pourrai. Elle s'eſt
endormie ainsi, me parlant encore, riant
dans son sommeil.

Ce brusque réveil, cette fièvre de paroles

m'ont étrangement étonné. Je n'ai pu &
je ne puis m'expliquer encore la froideur,
l'indolence de cette fille, au milieu du
tumulte de la nuit, & ses éclats de gaieté,
ses bavardages du matin, dans notre chambre triste & muette. Pourquoi m'arracher
la promesse de la mener le plus souvent
possible à ces bals où elle riait, où elle dan-
sait si peu? Puis, si elle était de bonne foi,
quelle était donc cette joie singulière qui
se manifeftait par le silence & la méchante
humeur, qui éclatait plus tard en rires
épais & voluptueux?

Monde inconnu de la chair & des passions infâmes où je trouve des étonne-
ments à chaque pas! Je n'ose encore fouiller toutes ces misères, cette poitrine de
femme, froide dans ses désirs, affaissée &
endormie dans ses joies. Je l'ai crue sauvée,
elle me revient plus terrible, plus impénétrable que jamais.

XIII

Vous vous plaignez de mon silence, vous vous inquiétez & me demandez quelles nouvelles triftesses me font tomber la plume des doigts.

Frères, ce sont nos ridicules imagina-- tions d'enfant qui se dissipent une à une. Cet adieu des espoirs du jeune âge a, dans sa rudesse salutaire, de profondes amer- tumes. Je me sens devenir homme, je pleure mes faiblesses qui s'en vont, tout en tirant un grand orgueil des forces qui me viennent.

Que la jeunesse serait sotte, si elle n'a- vait sa belle naïveté! La bêtise sur les lèvres de l'enfant eft une adorable igno- rance dont les hommes sont doucement ré- jouis. Voici un mois à peine, j'étais encore

6.

un sot, je vous parlais naïvement de la
rédemption des filles. Certes, à m'entendre, un vieillard eût à la fois souri de son
meilleur sourire & secoué ironiquement la
tête : il aurait donné le sourire à la jeune
âme qui avait foi en toute perfection, &
adressé le sourire à l'absurde petit garçon
qui tentait hardiment le miracle que Jésus
seul a pu faire.

Assez de mensonges! La vérité brutale a
d'étranges douceurs pour ceux que tour-
mente le problème de la vie; ils sont las de
ces espérances que les mères lèguent aux
enfants, & qui, lentes à se dissiper, les aban-
donnent une à une, allongeant leur martyre.
Moi, je préfère, dussé-je souffrir tous mes
déchirements en un jour, voir clair en ce
monde de débauches où je suis descendu.

Sans doute, il s'est rencontré de grandes
repenties. Des femmes, aux vastes amours,
ont parfois donné à un seul être ce cœur
qu'elles partageaient entre tous, & alors
elles ont été pardonnées. Mais ce sont là

les miracles; les lois communes veulent
que les cœurs partagés se dispersent en
chemin & que les morceaux ne puissent
en être réunis à l'heure suprême.

Écoutez, frères, lorsque la Madeleine
se traînera à vos pieds, maudissant ses
erreurs passées, vous promettant une
nouvelle jeunesse d'amour, ne la croyez
pas. Le ciel eft avare de prodiges. La Pro-
vidence entrave rarement nos fatalités.
Dites-vous que le mal eft puissant, & qu'en
ce monde le mensonge ne se fait pas vérité
pour l'unique soulagement d'une pauvre
âme qui souffre. Repoussez la Madeleine,
niez ses larmes & son cœur, raillez toute
rédemption. Voilà la sagesse.

Allez, je sens l'expérience me venir.

Laurence eft une âme souillée à jamais,
une intelligence perdue, une créature endormie à ce point qu'aucune brûlure ne
pourrait la réveiller du sommeil qu'elle
dort dans la boue. Je meurtrirais sa chair, je
briserais ses os sous le bâton, je m'adresse-

rais à son cœur, je soulèverais sous des baisers ses paupières affaissées, elle resterait toujours là, à mes pieds, accroupie, sans un frisson, sans un cri de douleur ou de joie. J'ai par instants des désirs de lui crier :

— Lève-toi, & battons-nous; réveille-toi, & crie, jure, montre-moi que tu vis encore en me faisant souffrir.

Elle me regarde avec ses yeux éteints ; je recule effrayé, n'osant parler. Laurence est morte, morte de cœur & de pensée. Je n'ai rien à tenter sur ce cadavre.

Frères, je n'ai plus la moindre espérance, je ne veux plus m'occuper de cette fille. Elle a refusé ma vie de travail, je n'ai pu accepter sa vie de débauche; le rêve était trop haut, la réalité m'a paru un gouffre. Je m'arrête & j'attends. Quoi ? Je l'ignore.

Je n'ai que faire de me justifier devant vous. Je sais que vous voyez clair en mon âme, que vous expliquez mes actes par des

pensées de juftice & de devoir. Vous avez
plus de confiance en moi que je n'ose en
avoir moi-même. Par moments, je m'interroge, je me juge comme me jugent sans
doute les passants que je coudoie en cette
vie; je m'effraye de ce vice qui m'entoure
sans me vicier, de cette femme qui dort à
mon côté, sans être ma compagne. Alors,
désespéré, j'ai des envies de faire ce que
feraient les autres, de prendre Laurence
par les épaules & de la pousser dans la rue
où je l'ai trouvée. Elle y tomberait aussi
nue, aussi désolée, ayant au front la même
misère & la même infamie. Et moi, je
fermerais ma porte tranquillement, ne lui
ayant rien volé, ne lui devant rien. La
conscience eft large; il y a des gens qui
ont la science de refter honnêtes en deve-
nant lâches & cruels.

Laurence s'impose à moi de toute la
force de son abandon. Elle refte là, tranquille & passive. Je ne puis pourtant pas
la chasser. Ma misère m'empêche de la

payer pour qu'elle s'en aille. Nous sommes liés fatalement l'un à l'autre par le
malheur. Tant qu'elle demeurera près de
moi, je croirai devoir accepter sa présence.

J'attends donc, &, je le répète, j'ignore
ce que j'attends. Comme Laurence, je
m'affaisse, je vis dans une sorte de somnolence douce & trifte, sans trop souffrir,
n'éprouvant au cœur qu'une grande fatigue. Après tout, je ne suis pas irrité contre
cette fille; je sens en moi plus de pitié que
de colère, plus de triftesse que de haine.

Je ne lutte plus, je m'abandonne, je
trouve dans la certitude du mal un repos
étrange, un apaisement de tout mon être.

XIV

Vous souvenez-vous du grand Jacques,
ce long garçon pâle & tranquille? Je le vois
encore, se promenant à l'ombre des pla-

tanes, dans le préau du collége; il marchait d'un pas lent & ferme, poussant du
pied les cailloux; il riait paisiblement,
raisonnant ses sourires, & vivait dans une
suprême indifférence. Je me rappelle qu'en
un jour d'épanchement il me confia le
secret de sa force. Je ne compris rien à ses
confidences, si ce n'eſt qu'il se proposait de
vivre heureux en murant son cœur & sa
pensée.

A quinze ans, je ne rêvais que du grand
Jacques. J'enviais ses longs cheveux blonds,
sa superbe indolence. Il était, parmi nous,
un type d'élégance & d'ariſtocratique dédain. J'avais été surpris par cette nature
égoïste qui n'avait rien de jeune ni de
généreux; je m'étais mis à admirer cet
enfant terne & froid qui passait au milieu
de nous avec la gravité indulgente & supérieure d'un homme.

J'ai revu le grand Jacques. Il eſt mon
voisin, il habite la même maison que
moi, deux étages plus bas. Hier, je mon-

tais l'escalier, lorsque j'ai rencontré un jeune homme & une jeune femme qui descendaient. Le jeune homme, sans hésitation & tout naturellement, m'a tendu la main.

— Comment vas-tu, Claude? m'a-t-il demandé.

Il paraissait m'avoir quitté la veille. Il avait à peine interrogé mon visage, & moi, j'interrogeais le sien dans la demi-obscurité du palier, sans pouvoir me rappeler ses traits. Sa main était froide. Je ne sais à quelle sensation étrange j'ai reconnu cette chair calme & indifférente.

— Eft-ce toi, Jacques? me suis-je écrié. Bon Dieu! tu as encore grandi!

— Oui, oui, c'eft moi, m'a-t-il répondu avec un sourire. Je loge là, au fond du couloir, au numéro 17. Viens me voir ce soir, entre sept & huit heures.

Et il eft descendu sans tourner la tête, précédé de la jeune femme qui me regardait avec de grands yeux d'enfant. Je suis reſté un inſtant, penché sur la rampe, suivant des yeux ce garçon qui s'en allait d'un pas calme, tandis que mon cœur sautait violemment dans ma poitrine.

Le soir, je suis descendu au numéro 17. La chambre eſt meublée avec le luxe faux & écœurant des hôtels garnis de Paris. Vous ne pouvez vous imaginer, frères, quel air misérable & honteux ont ces draperies rouges, éraillées & grises de poussière, ces meubles noirs & graisseux, ces faïences félées, ces objets sans nom, loques & débris qui s'étalent le long de murs humides. Ma mansarde eſt plus nue, mais elle n'eſt pas plus laide. Deux fenêtres, hautes & larges, garnies de minces rideaux de mousseline, versent une lumière crue sur tout ce délabrement. Il y a là un lit enveloppé de rideaux déteints, une armoire à glace ternie & éclatée au flanc, un canapé & des fauteuils déplorables, jaunis par l'usage ; puis une toilette, un bureau, une table, des chaises, meubles dépareil-

7

lés, meubles de salle à manger, de chambre à coucher, de salon, de cabinet. L'ensemble a je ne sais quoi de prétentieux &
de sale qui répugne. Au premier regard,
on peut croire que l'on entre dans une
chambre honnête; au second, on voit la
crasse sur l'acajou & sur le damas, on
éprouve comme une impression de vice &
de malpropreté.

Je me suis senti attrifté par l'aspect
malsain de cette chambre, j'ai respiré avec
dégoût cet air épais & nauséabond, puant
la poussière, le vieux vernis & les étoffes
fanées, odeur âcre & étouffante qui eft la
même dans tous les hôtels.

Jacques, assis devant le bureau, tra-
vaillait paisiblement, un Code ouvert devant lui. La jeune fille était couchée sur
le canapé, les yeux au plafond, silencieuse
& grave.

Jacques a tourné son siége à demi; sa
face m'eft apparue en pleine lumière. C'eft
bien toujours le même visage, un visage

superbe & indifférent; on y lit une volonté forte faite d'égoïsme & de froideur.
L'homme eſt devenu ce que promettait
l'enfant. Notre ancien camarade doit être
dans la vie ce que l'on appelle un garçon
pratique & sérieux; il tend à un but, il
veut être avocat, avoué ou notaire, & il
marche avec toute la puissance de sa tranquillité. Le cœur fermé, la chair calme, il
accepte ce monde, sans remercîment ni
révolte. Jacques eſt une honnête nature,
un esprit juſte qui vivra honorablement,
selon le devoir & les mœurs; il ne faiblira
pas, parce qu'il n'aura pas à faiblir; il
passera droit & ferme, n'ayant rien à haïr
ni à aimer. Dans ses yeux clairs & vides,
je n'ai pas trouvé l'âme; sur ses lèvres
pâles, je n'ai pas vu le sang du cœur.

Devant ce jeune homme, paisible & souriant, accoudé sur ses livres de travail &
me tendant sa main fraîche, j'ai songé à
moi, frères, à mon pauvre être que secoue
sans cesse la fièvre des désirs & des regrets.

Je n'avance qu'en chancelant; je n'ai pas
pour me protéger cette belle tranquillité,
ce silence du cœur & de l'âme. Je suis
tout chair, tout amour, je me sens vi-
brer profondément à la moindre sensation.
Les événements me mènent, je ne puis les
conduire ni les surmonter. Demain, dans
ma vie libre, s'il m'arrive de blesser le
monde, le monde se détournera de moi,
parce que j'aurai obéi à ma fierté & à mes
tendresses. Jacques sera salué, ayant suivi
la route commune. Je n'ose dire tout haut
que la vertu eft une queftion de tempérament; mais, frères, je pense tout bas que
les Jacques sur cette terre sont lâchement
vertueux, tandis que les Claudes ont cet
effroyable malheur d'avoir en eux une
éternelle tempête, un désir immense du
bien qui les agite & les conduit hors des
jugements de la foule.

La jeune fille avait penché la tête & me
regardait, la bouche entr'ouverte, les yeux
agrandis. Son visage a la blancheur trans-

parente de la cire, avec des rougeurs mates
aux joues ; ses lèvres pâles, ses paupières
molles & biſtrées donnent à sa face un air
d'enfant malade & résigné. Elle a quinze
ans, &, par inſtants, lorsqu'elle sourit, on
lui en donnerait à peine douze.

Tandis que Jacques me parlait de sa
voix lente, je ne pouvais détacher mes regards de ce visage poignant, si jeune & si
éteint. Il y avait sur ce front candide une
lassitude, une langueur profondes ; le sang
ne coulait plus sous la peau ; les frissons
de la vie ne faisaient plus frémir cette
chair endormie. N'avez-vous jamais vu,
dans son berceau, une petite fille que
la fièvre a rendue plus blanche, plus innocente encore ? elle dort, les yeux grands
ouverts, elle a un visage d'ange, doux &
reposé, elle souffre, & elle paraît sourire.
L'étrange petite fille que j'avais devant
moi, cette femme qui était reſtée enfant,
ressemblait à ses sœurs au berceau. Seulement, ici, c'était pitié plus grande à voir

sur un front de quinze ans tant de pureté
& tant de pâleur, toutes les grâces naïves
de la jeune fille & toutes les fatigues
honteuses de la femme.

Elle avait replié les bras & soutenait sa
tête languissante. J'ignorais son hiftoire,
je ne savais qui elle était, ni ce qu'elle faisait là. Mais, à tout son être, je voyais
l'innocence de son cœur & la honte de son
corps, je reconnaissais la jeunesse de ses
regards & la vieillesse prématurée de son
sang, je me disais qu'elle allait mourir de
décrépitude à quinze ans, vierge d'âme.
Émaciée & affaiblie, elle s'étendait comme
une courtisane & souriait comme une
sainte.

Je suis refté deux grandes heures entre
Jacques & Marie, regardant ces deux êtres,
étudiant ces deux visages. Je ne pouvais
deviner ce qui avait rapproché un tel
homme d'une telle femme. Puis, j'ai songé
à Laurence, & j'ai compris qu'il y a des
unions fatales.

Jacques m'a paru satisfait de l'exiſtence qu'il mène. Il travaille, il règle ses plaisirs & ses études, il vit la vie d'étudiant, sans impatience, même avec une certaine complaisance tranquille. J'ai remarqué qu'il mettait quelque orgueil à me recevoir dans une si belle chambre ; il ne voit pas toute l'ignoble laideur de ce luxe de mauvais lieu. D'ailleurs, ce n'eſt ni un vaniteux ni un fat ; il eſt bien trop pratique pour avoir de pareils défauts. Il ne m'a parlé que de ses espérances, de sa position future ; il a hâte de n'être plus jeune & de vivre en homme grave. En attendant, pour faire comme tout le monde, il consent à habiter une chambre de cinquante francs par mois, il veut bien fumer, boire un peu, même avoir une maîtresse. Mais il considère tout cela comme une mode qu'il ne peut refuser ; il entend, dès le dernier examen, se débarrasser de son cigare, de Marie & de son verre, comme de meubles désormais inutiles. Il calcule, à une minute près, l'heure à laquelle il aura droit au respect des gens de bien.

Marie écoutait les théories de Jacques avec un calme parfait. Elle paraissait ne pas comprendre qu'elle était un des meubles qu'abandonnerait le jeune homme, pour cause de déménagement. La pauvre fille se souciait sans doute peu d'appartenir à celui-ci ou à celui-là, pourvu qu'elle eût un canapé où elle pût reposer ses membres endoloris.

D'ailleurs, Jacques & Marie se parlaient avec une douceur qui m'a surpris. Ils semblent s'accepter, se ménager l'un l'autre. Ce n'est ni amour, ni même amitié; c'est un langage poli qui évite toute querelle & maintient le cœur dans une complète indifférence. Jacques doit être l'inventeur de ce langage.

Au bout d'une heure, il a déclaré qu'il ne pouvait perdre son temps davantage; il s'est remis au travail, en me priant de rester, affirmant que ma présence ne le

gênait en aucune façon. J'ai approché ma
chaise du canapé, & me suis entretenu à
voix basse avec Marie. Cette femme m'at-
tirait; je me sentais pour elle des tendresses,
des pitiés de père.

Elle cause en enfant, tantôt par mono-
syllabes, tantôt avec volubilité, passionné-
ment & sans s'arrêter. Je l'avais bien ju-
gée; l'intelligence & le cœur sont reftés
chez elle en bas âge, tandis que le corps
grandissait & se souillait. Elle a une naïveté exquise, horrible parfois, lorsque,
avec un doux sourire & de grands yeux
étonnés, elle laisse échapper de grossières
paroles de ses lèvres délicates. Elle ne rougit pas, ignorant la rougeur; elle ne paraît
point avoir conscience d'elle-même & se
meurt doucement, ne sachant ni ce qu'elle
eft, ni ce que sont les autres jeunes filles
qui se détournent lorsqu'elle passe.

Peu à peu, elle m'a conté sa vie. J'ai pu,
phrase à phrase, reconftruire cette hiftoire
lamentable. Un récit m'aurait déplu, car

7°

j'aurais hésité à croire ; je préfère qu'elle
se soit confessée, sans le savoir elle-même,
par aveux partiels, au hasard de la conversation.

Marie pense avoir quinze ans. Elle
ignore où elle est née, & se rappelle vaguement une femme qui la battait, sa mère
sans doute. Ses premiers souvenirs datent
du ruisseau ; elle se souvient qu'elle y
jouait & qu'elle s'y reposait. Sa vie a été
une longue promenade dans les rues ; il
lui serait très-difficile de savoir ce qu'elle a
fait jusqu'à l'âge de huit ans ; lorsqu'on
l'interroge sur ses premières années, elle
répond qu'elle ne sait plus, ayant eu trop
faim & trop froid. A huit ans, comme
toutes les petites misérables, elle vendait
des fleurs. Elle couchait alors à la barrière
Fontainebleau dans un vaste grenier sombre, avec toute une troupe d'enfants de son
âge, garçons & filles, qui dormaient pêle-
mêle. De huit à quatorze ans, elle est venue
à ce chenil, choisissant son coin chaque

soir, embrassée par les uns, battue par
les autres, grandissant dans le vice & la
misère, sans que rien l'avertît ni révoltât
son cœur. Elle était déjà infâme, & elle
ignorait encore qu'elle possédât un corps
& des sens. Elle avait fait le mal avant
de savoir que le mal exiftait; aujourd'hui,
en pleine débauche, elle gardait son visage d'enfant, n'ayant jamais cessé d'être
vierge & innocente. La souillure s'était
mise en elle trop tôt pour qu'elle pût être
souillée.

J'avais maintenant le sens de ce visage
étrange, fait d'impudeur & de naïveté,
d'une beauté jeune & fanée. Je m'expliquais cette petite fille cynique, cette femme
usée qui se mourait avec le calme & la
blancheur d'une martyre. Elle était fille
de la grande ville, & la grande ville en
avait fait cette créature monftrueuse qui
n'était ni un enfant ni une femme. Dans
cet être, où personne n'avait évoqué l'âme,
l'âme dormait encore. Le corps lui-même ne

s'était jamais éveillé sans doute. Marie se
trouvait être une simple d'esprit & de chair,
qui se livrait par abandon, reſtait pure
dans la fange, ne sachant rien et acceptant tout. Je la vois, là, devant moi, flétrie
déjà, avec son bon sourire, me parlant
de sa voix un peu rauque, comme nos
sœurs nous parleraient de leurs poupées,
& je me sens au cœur un grand ser-
rement.

A quatorze ans, une vieille femme, qui
n'avait aucun droit sur elle, la vendit. Elle
se laissa acheter, elle s'offrit presque d'elle-
même, comme elle offrait ses bouquets de
violettes. Elle avait encore les joues roses,
& ses rires résonnaient gaiement. Elle
eut des robes de soie, des bijoux; elle
accepta la soie & l'or comme des jouets,
déchirant, jetant tout par la fenêtre. D'ailleurs, Marie vivait ainsi parce qu'elle ne
savait pas que l'on peut vivre autrement;
elle n'avait point le sens du luxe, elle aurait
accepté indifféremment un bouge ou un

hôtel. Il lui plaisait de vivre oisive, à regarder les murs; la souffrance qui la courbait déjà, lui faisait aimer le repos, une sorte de rêverie vague, au sortir de laquelle elle paraissait inquiète & agitée. Lorsqu'on l'interrogeait, lui demandant ce qu'elle avait vu, elle répondait, d'un ton effaré : « Je ne sais pas! »

Elle avait vécu ainsi près d'un an, courant les hôtels garnis, couchant ici & là, sans rien perdre de sa sérénité. Comme je lui montrais quelque surprise, & que je ne pouvais vaincre tout le dégoût que m'inspirait une pareille existence, elle est demeurée étonnée, ne me comprenant pas.

Un soir, la misère était revenue. Marie allait regagner le grenier de la barrière Fontainebleau, lorsqu'elle avait rencontré Jacques. Elle m'a conté cette rencontre d'une voix que je n'oublierai jamais, avec des regards immobiles dans les yeux & des rires bruyants sur les lèvres. C'est elle qui

a abordé Jacques, lui demandant son bras
parce qu'il faisait noir & que le pavé était
glissant. Elle n'avait sans doute pas la
moindre mauvaise pensée. Jacques la
queſtionna; au lieu de la conduire route
d'Orléans, il la mena chez lui. Elle le laissa
faire, toujours calme. Elle n'aurait peut-
être pas quêté un lit, elle songeait à la
paille du grenier, mais elle acceptait les
draps blancs qui lui venaient, sans joie ni
répugnance. Depuis ce jour, elle a vécu
le plus possible sur le canapé.

J'ai cru comprendre que, dans sa pensée,
Jacques avait fait une bonne acquisition
en prenant Marie. Puisqu'il lui fallait une
maîtresse, c'était là celle qui lui convenait :
une nature affaiblie & calme qui ne le
troublait pas dans son indifférence, une
fille insouciante dont il se débarrasserait
aisément, une femme charmante dans sa
pâleur, qui avait toute la grâce de la jeunesse sans en avoir les caprices ni les in-
conséquences. D'ailleurs, Marie, souf-

frante parfois, a ses jours de vie & de gaieté;
elle n'eſt point encore clouée sur un matelas, &, lorsqu'elle rit au soleil, parmi
ses boucles blondes, elle resplendit belle à
faire rêver Jacques lui-même.

Je me suis plu, frères, à vous parler de
Jacques & de Marie.

Je suis reſté deux ou trois heures auprès
d'eux, oubliant mes souffrances, & j'ai
voulu oublier encore en vous contant ma
visite. C'eſt là un monde que vous ignorez; ce monde eſt poignant, l'étude en
eſt âpre, pleine de vertige. Je voudrais
pénétrer dans les cœurs & dans les âmes;
je suis attiré par ces femmes & ces hommes
qui vivent autour de moi; peut-être, au
fond, ne trouverais-je que de la fange,
mais j'aimerais à fouiller le fond. Ils vivent une vie si étrange, que je crois toujours être sur le point de découvrir en eux
des vérités nouvelles.

XV

Nous mangeons au jour le jour, vendant
de vieux livres ou quelques haillons. Ma
misère eft telle que je n'en ai plus conscience, & que je m'endors le soir presque
satisfait, lorsqu'il me refte une vingtaine
de sous pour les deux repas du lendemain.

Je suis allé dans plusieurs adminiftra-
tions solliciter une place. On m'a reçu fort
brusquement; j'ai cru comprendre que
j'avais le tort d'être pauvrement mis. J'é-
cris mal, dit-on; je ne suis bon à rien. Je
les crois sur parole, & je me retire, honteux d'avoir eu un inftant la pensée de
voler l'argent de ces honnêtes gens, en
mettant à leur service mon intelligence &
ma volonté.

Je ne suis bon à rien, telle eſt la vérité que j'ai retirée de mes démarches. Je ne suis bon à rien, si ce n'eſt à souffrir, à sangloter, à pleurer ma jeunesse & mon cœur. Ainsi, me voilà seul au monde, repoussé & misérable, n'osant mendier & me sentant plus affamé que le pauvre qui tend la main. Je suis venu, bercé en un songe de gloire & de fortune; je m'éveille en pleine boue, en pleine détresse.

Heureusement, le ciel eſt doux & bon. Il y a dans la misère une sorte d'ivresse lourde, une somnolence voluptueuse qui endort la conscience, la chair & l'esprit. Je ne sens pas nettement mon degré d'indigence & d'infamie; je souffre peu, je sommeille dans ma faim, je me vautre dans mon oisiveté.

Voici quelle eſt ma vie.

Le matin, je me lève tard. Les matinées sont brumeuses, froides, blafardes; le jour entre, gris & triſte, par la fenêtre sans rideaux; il se traîne mélancoliquement sur

les carreaux & sur les murs. J'ai une
sensation de bien-être à sentir la chaleur
tiède des vêtements que j'entasse sur le lit.
Laurence dort à mon côté d'un sommeil
de plomb, la face renversée & muette. Moi,
les yeux ouverts, le drap au menton, je
regarde le plafond noir que traverse une
longue crevasse. Je tombe en extase devant
cette crevasse; je l'étudie, j'en suis amou-
reusement, du regard, les lignes brisées;
je la contemple des heures entières, sans
songer à rien.

C'est là le meilleur instant de la journée.
J'ai chaud & je dors à moitié. La chair est
contente, l'esprit court mollement dans ce
beau pays du demi-sommeil, où la vie a
toutes les voluptés de la mort. Puis parfois, lorsque je suis complétement éveillé,
je m'abandonne au bras de quelque songe.
Frères, que mon pauvre cœur doit être enfant, pour que je puisse encore lui mentir!
Eh! oui, je rêve toujours, j'ai toujours
cette puissance étrange d'échapper à la

réalité, de créer, de toutes pièces, un
monde & des êtres meilleurs. Là, entre
deux draps sales, au côté d'une femme
laide & honteuse dans son écrasement, au
milieu d'une chambre obscure, je vois souvent de mes yeux un palais, tout marbre
& tout argent, une amante blanche, lumineuse, qui me tend les bras, m'appelle
à sa droite sur la couche de soie où elle
repose.

Onze heures sonnent, je saute du lit.
Le froid humide des carreaux, qui me glace
brusquement la plante des pieds, me tire
de mon rêve. Je me sens grelotter, je me
couvre à la hâte. Puis je marche dans la
chambre, allant de la fenêtre à la porte,
jetant un coup d'œil sur la muraille qui
eſt tout mon horizon, & revenant regarder
Laurence sans la voir. Je fume, je baiĺe,
j'essaie de lire. J'ai froid & je m'ennuie.

Laurence s'éveille. Alors, commencent
les souffrances. Il faut manger. Nous te-
nons conseil. Nous cherchons par la

chambre quelque objet à vendre. Souvent
nous renonçons à déjeuner, quand le problème eft trop difficile à résoudre, & tout
eft dit. Lorsque nous avons trouvé un
vieux chiffon, du papier, n'importe quoi,
Laurence s'habille & va offrir la déplorable
marchandise à un revendeur qui lui donne
huit ou dix sous. Elle rapporte du pain &
un peu de charcuterie que nous mangeons
debout, sans nous parler.

Les journées sont longues pour les misérables. Quand il fait trop froid & que nous
n'avons pas de feu, nous nous recouchons. .
Lorsque le temps eft plus doux, j'essaie
de travailler, me donnant la fièvre à vouloir faire une besogne qui ne veut plus de
moi.

Laurence se renverse sur le lit ou se
promène à pas lents. Elle traîne sa robe de
soie bleue qui semble pleurer en se frois-
sant aux meubles. Cette guenille eft toute
jaune de graisse, toute déchirée, craquée
aux coutures, usée aux plis. Laurence la

laisse se pourrir & tomber en loques, sans
la nettoyer ni la raccommoder. Elle la met
dès le matin, n'ayant qu'elle, & elle se
promène ainsi le jour entier dans cette
chambre misérable, les cheveux dénoués,
portant une robe de bal largement décol-
letée, qui montre son dos et sa gorge. Et
cette robe, cette soie douce d'un bleu pâle,
qui brille encore par endroits, eft un haillon
infâme, tordu, fané, lamentable. Il y a je
ne sais quelle angoisse poignante à voir
ces lambeaux d'un riche tissu, ce luxe
traîné dans la misère, ces épaules nues
rougies par le froid. Toujours je me rappellerai Laurence marchant ainsi vêtue
dans le bouge de mes vingt ans.

Le soir, la queftion du pain revient terrible & pressante. Nous mangeons ou
nous ne mangeons pas. Puis, nous nous
couchons, las & endormis. Le lendemain,
la vie recommence, pareille, plus cuisante
& plus âpre chaque jour.

Je ne sors plus depuis une semaine. Un

soir, — nous n'avions pas mangé la veille, — j'ai ôté mon paletot sur la place du Panthéon, & Laurence a été le vendre. Il gelait. Je suis rentré en courant, suant à grosses gouttes de peur & de souffrance. Deux jours après, mon pantalon a suivi le paletot. Me voici nu. Je m'enveloppe dans une couverture, je me couvre comme je puis, & je prends ainsi le plus d'exercice possible, pour ne pas laisser se roidir mes jointures. Lorsqu'on vient me voir, je me couche, je prétends être un peu indisposé.

Laurence paraît souffrir moins que moi. Elle n'a pas de révolte, elle ne tente pas de se souftraire à l'exiftence que nous menons. Je ne puis m'expliquer cette femme. Elle accepte tranquillement ma misère. Eft-ce dévouement, eft-ce nécessité?

Moi, frères, je vous l'ai dit, je suis bien, je m'endors. Je sens mon être se fondre, je me laisse aller à cette proftration douce des mourants, qui demandent pitié d'une voix faible & caressante. Je n'ai aucun dé-

sir, si ce n'eft de manger plus souvent. Je
voudrais aussi être plaint, être caressé,
être aimé. J'ai besoin d'un cœur.

XVI

Oh! frères, je souffre, je souffre. Je n'ose
parler, je sens la honte me serrer à la
gorge, & je ne puis que pleurer sans ôter
de mon cœur le poids qui l'étouffe.

La misère eft douce, l'infamie eft légère.
Et voilà que le ciel me punit, qu'il me
courbe sous un vent terrible, sous une
implacable blessure.

Maintenant, frères, vous pouvez déses-
pérer : je n'ai plus de degrés à descendre,
je viens de m'abandonner au gouffre, je
suis perdu à jamais.

Ne m'interrogez pas. Je laisse mes cris

aller jusqu'à vous, car la douleur eſt trop aiguë pour que je parvienne à étouffer mes cris. Mais je retiens les paroles sur mes lèvres, je ne veux ni vous effrayer ni vous désoler en vous contant l'effroyable hiſtoire de mon cœur.

Dites-vous que Claude eſt mort, que vous ne le verrez plus, que tout eſt bien fini. Je préfère souffrir seul, quitte à en mourir, que de troubler votre sainte tranquillité en me déchirant devant vous, en vous découvrant ma plaie saignante.

XVII

Non, vous souffrirez, mais il m'eſt impossible de garder le silence. Je trouverai quelque consolation à me montrer à ᴠᴜ; je m'apaiserai, lorsque je saurai que vous sanglotez avec moi.

Frères, j'aime Laurence.

XVIII

Laissez-moi regretter, laissez-moi me souvenir, laissez-moi revoir toute ma jeunesse dans un regard.

Nous avions douze ans alors. Je vous rencontrai un soir d'octobre dans le préau du collége, sous les platanes, près de la petite fontaine. Vous étiez chétifs & timides. Je ne sais ce qui nous unit, notre faiblesse peut-être. Depuis ce soir, nous avons marché ensemble, nous séparant pour quelques heures, mais nous tendant la main avec plus d'amitié après chaque séparation.

Je sais que nous n'avons ni le même corps, ni le même cœur. Vous vivez & vous pensez autrement que moi, mais vous aimez comme moi. Là eft notre fraternité.

8

Vous avez mes tendresses & mes pitiés;
vous vous agenouillez dans la vie, vous
cherchez à qui donner votre âme. Nous
communions en tendresse & en affection.

Vous rappelez-vous nos premières années? Nous lisions ensemble des contes à
dormir debout, de grands romans d'aven-
tures qui nous tenaient six mois sous le
charme. Nous faisions des vers & de la
chimie, de la peinture & de la musique.
Il y avait, chez l'un de vous, au troisième
étage, une grande chambre, notre labora-
toire & notre atelier. Là, dans la solitude,
nous commettions nos crimes d'enfant:
nous mangions le raisin accroché au plafond, nous risquions nos yeux au-dessus
de cornues chauffées à blanc, nous rimions
des comédies en trois actes que je lis encore
aujourd'hui lorsque je veux sourire. Je la
vois, cette grande chambre, avec sa large
fenêtre, inondée de lumière blanche &
pleine de vieux journaux, de gravures fou-
lées aux pieds, de chaises dépaillées, de

chevalets boiteux. Elle m'apparaît douce
& riante, lorsque je regarde ma chambre
d'aujourd'hui & que j'aperçois, au milieu,
se dresser Laurence qui m'effraye & m'attire.

Plus tard, le grand air nous enivra. Nous
eûmes la saine débauche des champs &
des longues courses. Ce fut une folie, un
emportement. On brisa les cornues, on
oublia le raisin, on ferma la porte du la-
boratoire. Le matin, nous partions avant
le jour. Je venais sous vos fenêtres vous
appeler en pleine nuit, & nous nous hâ-
tions de sortir de la ville, carnier au dos,
fusil au bras. Je ne sais à quel gibier nous
chassions; nous allions, flânant dans la rosée, courant au milieu des hautes herbes
qui se courbaient avec des bruits secs &
pressés, nous vautrant dans la campagne
comme de jeunes chevaux échappés. Le
carnier était vide au retour, mais la pensée
était pleine & le cœur aussi.

Quelle contrée puissante, âpre & douce

pour ceux qui se sont pénétrés de ses ardeurs & de ses tendresses! Je me souviens
de ces aubes blanches & humides, presque
fraîches, qui mettaient dans mon être &
dans les horizons une paix de suprême innocence; je me souviens de ces soleils ac-
cablants, de cet air embrasé, lourd, éclatant, qui écrasait la terre, de ces rayons
larges qui coulaient des hauteurs, comme
de l'or en fusion, heure virile & forte,
donnant au sang une mâturité précoce &
à la terre des entrailles fécondes. Nous
marchions en braves enfants au milieu de
ces aubes & de ces soleils, jeunes & légers
le matin, plus graves, plus recueillis le
soir; nous causions en frères, partageant
le même pain, éprouvant les mêmes émotions.

Les terrains étaient jaunes ou rouges,
déserts & désolés, semés d'arbres maigres;
çà & là des bouquets de feuillage, d'un
vert sombre, tachant la grande étendue
grise de la plaine; puis, tout au fond, tout

autour de l'horizon, rangées en cercle immense, des collines basses, dentelées, d'un
bleu tendre ou d'un violet pâle, se décou-
pant avec une netteté délicate sur l'azur dur
& profond du ciel. J'ai encore sous les yeux
ces paysages pénétrants de ma jeunesse; je
sens bien que je leur appartiens, que le
peu d'amour & de vérité qui eſt en moi
me vient de leur tranquille passion.

D'autres fois, vers le soir, lorsque le soleil
déclinait, nous prenions la grande route
blanche qui conduit à la rivière. Pauvre
rivière, maigre comme un ruisseau, là res-
serrée, trouble & profonde, ici agrandie &
coulant en nappe d'argent sur un lit de
cailloux. Nous choisissions un des trous,
au bord d'une berge élevée que les eaux
avaient creusée, & nous nous baignions
sous les arbres qui étendaient leurs ra-
meaux. Les derniers rayons glissaient entre
les feuilles, semant les ombrages sombres
de trouées lumineuses, & venaient se poser
sur la rivière en larges plaques d'or. Nous

8.

n'apercevions qu'eau & verdure, que de
petits coins de ciel, le sommet d'une mon-
tagne lointaine, les vignes du champ voisin. Et nous vivions ainsi dans le silence
& la fraîcheur. Assis sur la rive, dans
l'herbe fine, les jambes pendantes, les
pieds nus effleurant l'eau, nous jouissions
de notre jeunesse & de notre amitié. Que
de beaux rêves nous avons faits sur ces
berges dont le flot chaque jour emporte
quelques graviers! Nos rêves s'en vont
ainsi, emportés par la vie.

Aujourd'hui, les souvenirs sont durs &
implacables pour moi. A certaines heures,
dans mon oisiveté, brusquement, un souvenir de cet âge m'arrive, aigu & douloureux, avec la violence d'un coup de bâton.
Je sens une brûlure me traverser la poitrine. C'eſt ma jeunesse qui s'éveille en
moi, désolée & mourante. Je me prends
la tête entre les mains, retenant mes sanglots; je m'enfonce avec une volupté amère
dans l'hiſtoire des jours passés, & j'ai plai-

sir à agrandir la plaie en me répétant que tout cela n'eft plus & ne sera jamais plus. Puis, le souvenir s'envole; l'éclair a passé en moi; je demeure brisé, ne me rappelant rien.

Plus tard encore, à l'âge où l'homme s'éveille dans l'enfant, notre vie changea. Je préfère les heures premières à ces heures de passion & de virilité naissantes; les souvenirs de nos chasses, de notre exiftence vagabonde, me sont plus doux que la lointaine vision des jeunes filles dont les visages reftent empreints dans mon cœur. Je les vois, pâles & effacées, dans leur froideur, dans leur indifférence de vierges; elles ont passé, ne me connaissant point, &, aujourd'hui, lorsque je songe encore à elles, je me dis qu'elles ne peuvent songer à moi. Je ne sais, cette pensée fait qu'elles me sont étrangères; il n'y a pas échange de souvenirs, je les regarde comme de pures pensées, comme des rêves que j'ai caressés & qui s'en sont allés.

Laissez-moi me rappeler aussi le monde qui nous entourait, ces professeurs, braves gens qui auraient pu être meilleurs, s'ils avaient eu plus de jeunesse & plus d'amour, ces camarades, les méchants & les bons, qui étaient sans pitié, sans âme, comme tous les enfants. Je dois être une créature étrange, bonne seulement à aimer & à pleurer, car je me suis attendri, j'ai souffert dès mes premiers pas. Mes années de collége ont été des années de larmes. J'avais en moi les fiertés des natures aimantes. On ne m'aimait point, car on m'ignorait, & je refusais de me faire connaître. Aujourd'hui, je n'ai plus de haine, je vois clairement que je suis né pour me déchirer moi-même. J'ai pardonné à mes anciens camarades qui m'ont froissé, blessé dans mon orgueil & dans ma tendresse ; les premiers, ils m'ont donné les rudes leçons du monde, & je les remercie presque de leur dureté. Il y avait parmi eux de triftes garçons, des sots & des envieux, qui doivent

être aujourd'hui des imbéciles parfaits &
de méchants hommes. J'ai oublié jusqu'à
leurs noms.

Oh! laissez-moi, laissez-moi me rappeler. Ma vie passée, en cette heure d'angoisse, m'arrive dans une sensation unique
de pitié & de regret, de douleur & de joie.
Je sens mes entrailles profondément re-
muées, lorsque je compare tout ce qui eſt
à tout ce qui n'eſt plus. Tout ce qui n'eſt
plus, c'est la Provence, la campagne largement ouverte, inondée de soleil, c'eſt vous,
ce sont mes pleurs & mes rires d'autrefois;
tout ce qui n'eſt plus, ce sont mes espérances & mes rêves, mes innocences & mes
fiertés. Hélas! tout ce qui eſt, c'eſt Paris
avec sa boue, ma chambre avec sa misère;
tout ce qui eſt, c'eſt Laurence, c'eſt l'infamie, ce sont mes tendresses pour cette
femme.

Écoutez, c'était, je crois, en juin. Nous
étions au bord de la rivière, dans l'herbe,
la face tournée vers le ciel. Moi, je vous

parlais. Je viens de me rappeler mes paroles, ce souvenir m'a brûlé. Je vous confiais que mon cœur avait besoin de pureté
& de virginité, & que j'aimais la neige,
parce qu'elle était blanche, que je préférais
l'eau des sources au vin, parce qu'elle était
limpide. Je vous montrais le ciel, je vous
disais qu'il était bleu & immense comme
la mer, clair & profond, & que j'aimais la
mer & le ciel. Puis, je vous parlais de la
femme; j'aurais voulu qu'elle naquît pareille aux fleurs sauvages, en plein vent,
en pleine rosée, qu'elle fût plante des eaux,
qu'un éternel courant lavât son cœur &
sa chair. Je vous jurais de n'aimer qu'une
vierge, une vierge enfant, plus blanche
que la neige, plus limpide que l'eau de
source, plus profonde & plus immense en
pureté que le ciel & la mer. Pendant longtemps, je m'épanchai ainsi en vous, frissonnant d'un saint désir, avide d'innocence,
de blancheur immaculée, ne pouvant arrêter mon rêve qui montait dans la lumière.

Je la possède, ma vierge enfant. Elle eſt
là, & je l'aime. Oh! si vous pouviez la voir!
Elle a un visage sombre & fermé, comme
un ciel couvert; les eaux étaient basses, &
elle s'eſt baignée dans la fange. Ma vierge
enfant eſt souillée à ce point que jadis je
n'aurais osé la toucher du doigt, crainte
d'en mourir. Je l'aime.

Tenez, je ris, je goûte un charme
étrange à me railler. Je rêvais le luxe, &
je n'ai plus même un morceau de toile
pour me couvrir; je rêvais la virginité, &
j'aime une femme impure.

Dans ma misère, lorsque mon cœur a
saigné & que j'ai compris qui il aimait,
ma gorge s'eſt serrée, l'épouvante m'a
pris. C'eſt alors que les souvenirs se sont
dressés. Je n'ai pu les chasser; ils sont
reſtés là, implacables, en foule, tumultueux, entrant tous à la fois dans ma poitrine qu'ils brûlaient. Je ne les ai pas
appelés, ils sont venus, & je les ai subis.
Toutes les fois que je pleure, ma jeunesse

revient me consoler, mais ses consolations
redoublent mes larmes, car je songe à cette
jeunesse qui eſt morte à jamais.

XIX

Je ne puis me taire, je ne puis me mentir à moi-même. J'avais résolu de me cacher mon mal, de paraître ignorer ma
blessure, espérant oublier. On tue quel-
quefois la mort en son germe, lorsqu'on
croit à la vie.

Je souffre & je pleure. Sans doute, en
fouillant en moi, je vais trouver quelque
lamentable certitude, mais je préfère tout
savoir que de vivre ainsi, affeĉtant une insouciance qui me coûte tant d'efforts.

Je veux connaître à quel point de désespoir je suis descendu, je veux ouvrir
mon cœur & y lire la vérité, je veux pé-

nétrer jusque dans les dernières profondeurs de mon être pour l'interroger & lui
demander compte de lui-même. C'eſt bien
le moins que je sache comment il se fait
que je suis infâme; j'ai le droit de sonder
ma plaie, au risque de me torturer et d'apprendre que j'en dois mourir.

Si, dans cette rude besogne, il m'arrive de me blesser plus que je ne le suis,
si mon amour grandit en s'affirmant,
j'accepte avec joie cette douleur plus
grande, car la vérité brutale eſt nécessaire
à ceux qui marchent librement dans la
vie, n'obéissant qu'à leurs inſtinćts.

J'aime Laurence & j'exige de mon cœur
l'explication de cet amour. Je ne l'ai pas
aimée tout d'un coup, comme on aime dans
les hiſtoires. Je me suis senti attiré peu à
peu, dissout, pour ainsi dire, rongé &
couvert en quelques jours par l'horrible
plaie. Aujourd'hui, je suis pris tout entier; je n'ai pas une fibre de ma chair qui
n'appartienne à Laurence.

9

Il y a un mois, j'étais libre, je gardais Laurence comme on conserve un objet que l'on ne peut jeter à la rue. Maintenant, elle m'a lié à elle, je veille sur elle, je la regarde dormir, je ne veux pas qu'elle me quitte.

Ceci était fatal, & je crois comprendre comment l'amour eft entré en moi. Dans la souffrance & l'abandon, on ne vit pas impunément aux côtés d'une femme qui souffre comme vous, qui est abandonnée comme vous. Les larmes ont leur sympathie, la faim eft fraternelle ; ceux qui meurent ensemble, le ventre vide, se serrent étroitement la main.

Je suis reflé cinq semaines dans la chambre froide & trifte, en face de Laurence. Je ne voyais qu'elle au monde, elle était pour moi l'univers, la vie, l'affection. Du matin au soir, j'avais devant les yeux ce visage où je croyais surprendre par inftants un rapide sentiment d'amitié. Et moi, j'étais nu & faible ; je vivais dans ma couverture, en dehors de la société, ne pouvant même aller chercher ma part de soleil. Je n'espérais plus en rien ; j'avais borné ma vie à ces quatre murs noirs, à ce coin du ciel que je voyais entre les cheminées ; je m'étais enfermé dans mon cachot, j'y avais enfermé mes pensées, mes désirs. Je ne sais si vous entendez bien cela : un jour, n'ayez pas de chemise, & vous comprendrez que l'homme puisse faire un monde, vaste & plein, du lit sur lequel il est couché.

C'est alors que j'ai rencontré une femme, en allant de la fenêtre à la porte. Laurence, étendue sur le lit, me regardait marcher pendant des heures entières. A chaque allée & venue, je passais devant elle, je trouvais ses yeux qui me suivaient tranquillement. Je sentais ce regard attaché sur moi, j'étais comme soulagé dans mon ennui ; je ne saurais dire quelle intime & étrange consolation je prenais à me savoir regardé par un être vivant, par une femme. C'est

de ces regards que doit dater mon amour.
Je m'apercevais pour la première fois que
je n'étais pas seul, je goûtais une profonde
satisfaction à découvrir une créature à
mon côté.

Cette créature ne fut sans doute d'abord
qu'une amie. Il m'arriva de m'asseoir au
bord de la couche, de causer, de pleurer sans cacher mes pleurs. Laurence,
que mon dénûment devait apitoyer, me
répondit, essuya mes larmes. Elle s'en-
nuyait à mourir, elle aussi ; le silence,
la froideur, à certains moments, finissaient
par lui peser. Sa parole me parut plus
douce, ses geftes me semblèrent plus ca-
ressants ; elle redevint presque femme.

A ce point, frères, je fus envahi tout
d'un coup. Ma vie allait se rétrécissant
chaque jour. La terre fuyait ; Paris, la
France, vous-mêmes, mes pensées & mes
connaissances, rien n'était plus. Laurence
résumait pour moi Dieu & l'être, l'humanité & la divinité ; la chambre où elle se

trouvait, avait un horizon démesuré. Je
me sentais hors du monde, presque dans
la mort; je ne songeais plus que je pusse
un jour descendre dans la rue dont le bruit
montait jusqu'à moi, & j'avais si peu conscience de la vie, qu'il m'était venu la
pensée de vivre sans manger. Il me semblait que Laurence & moi, nous étions
autre part, perdus, séparés des vivants,
transportés dans un coin inconnu au delà
des temps & des espaces. Nous n'aurions
pas été plus seuls au fond de l'infini.

Un soir, comme le crépuscule venait,
emplissant la chambre d'une ombre transparente, je marchais avec lenteur, allant
toujours de la porte à la fenêtre. Dans
l'obscurité croissante, je voyais la tête pâle
de Laurence, posée sur ses cheveux noirs
dénoués; ses yeux sombres avaient de
vagues reflets, & elle me regardait ainsi,
fortement, belle de souffrance. Je me suis
arrêté, je l'ai contemplée. Je ne sais ce
qui s'est passé en moi; ma chair a été se-

couée, mon cœur s'eſt ouvert, un grand
tremblement m'a pris, je suis allé en
frissonnant serrer Laurence dans mes
bras. Je l'aimais.

J'aimais Laurence de toute la force de
mon abandon & de ma misère. Souffrir la
faim & le froid, être vêtu d'un lambeau
de laine, se sentir délaissé de tous, &
avoir là une femme à presser contre sa poitrine, à aimer d'un amour désespéré !
Tout au fond de l'infamie j'avais trouvé
une amante qui m'attendait. Maintenant,
dans le gouffre, loin de la lumière, nous
étions seuls à nous embrasse., à nous
serrer l'un contre l'autre, ainsi que des
enfants qui ont peur & qui se rassurent en
se cachant mutuellement la tête dans le
sein. Quel silence autour de nous, &
quelle nuit ! Comme il fait bon aimer dans
la solitude, dans ces déserts du désespoir
où ne pénètre plus aucun bruit de la vie !
Je me suis abîmé au fond de cette félicité suprême, j'ai aimé Laurence avec la

passion caressante que le moribond doit mettre à aimer l'exiftence qui lui échappe.

J'ai passé huit jours dans une sorte d'extase douloureuse. J'étais tenté de boucher la fenêtre, de vivre dans les ténèbres; j'aurais voulu que la chambre ne fût pas plus grande que la dalle où nous posions les pieds. Je ne me trouvais point assez misérable, je souhaitais quelque effroyable malheur qui me jetât à Laurence plus nu & plus sanglant. Mes journées s'écoulaient à m'enfoncer dans mon amour & dans ma misère. Et voilà que j'ai aimé le froid & la faim, la chambre sale, la crasse des murs & des meubles. J'ai aimé la robe de soie bleue, cette loque lamentable. Mon cœur se fendait de pitié, lorsque Laurence était devant moi, ce haillon au dos; je me demandais avec anxiété par quel baiser, par quelle caresse surhumaine, je pourrais bien lui montrer que je l'aimais dans sa pauvreté. Moi, j'étais heureux de n'être pas couvert :

j'avais plus froid, je souffrais davantage. Je me souviens de ces premières journées comme d'un songe ; je vois la mansarde plus en désordre, plus noire que de coutume, je sens cet air épais & étouffant que la fenêtre ne renouvelait pas ; je nous apercois, pareils à des ombres, allant dans nos haillons, nous embrassant, vivant en nous.

Oui, je l'aime, je l'aime avec emportement. Je m'interroge, & mon être entier me conte l'horrible hiſtoire, me disant comment cela s'eſt fait. J'ai agrandi la blessure ; maintenant que j'ai fouillé en moi, maintenant que je connais la raison & la profondeur de mon amour, je sens que j'ai plus de fièvre, une passion plus âpre & plus folle.

Tout à l'heure je me révoltais à la pensée d'aimer Laurence. Mes fiertés sont mortes, car cette idée ne me vient plus. Je suis descendu jusqu'à Laurence, je la comprends maintenant, je ne veux pas qu'elle soit autre. Il y a une joie malsaine à se dire qu'on eft dans la fange, qu'on y eft bien & qu'on y refte. J'embraffe cette femme avec d'autant plus d'emportement qu'elle eft plus vile & plus souillée. Il y a, je le sens, du défespoir, une sorte de raillerie amère dans mon amour ; j'ai l'ivresse du mal, la démence de l'abandon & de la faim ; je me vautre largement en pleine ordure, pour insulter à la lumière dont mon âme eft affolée & dans laquelle je ne puis monter.

N'ai-je pas parlé de rédemption? Je voulais que Laurence redevînt vierge. La sotte hiftoire! Il était bien plus simple que je devinsse indigne. Aujourd'hui nous nous aimons. La misère nous a fiancés, & nous nous sommes mariés dans l'agonie. J'aime Laurence laide & impure, j'aime Laurence dans ses lambeaux de soie, dans son affaissement de brute. Je ne veux pas d'une autre Laurence, je ne veux pas d'une innocente, âme blanche & visage rose.

Je ne sais ce que pense ma compagne, si

mes baisers la réjouissent ou la fatiguent. Elle eſt plus pâle, plus grave. Les lèvres serrées, les yeux agrandis, la face muette, elle me rend mes caresses avec une sorte de force contenue. Par inſtants, elle paraît lasse, comme si elle était découragée de chercher quelque chose qu'elle ne trouve point; mais bientôt elle semble se remettre à la besogne & chercher de nouveau, me regardant en face, ses mains à mes épaules. D'ailleurs, elle a toujours le même corps brisé, la même âme obscure; elle dort toujours les yeux ouverts, & s'éveille en sursaut, lorsque je pose mes lèvres sur les siennes. Au premier embrassement, elle a paru étonnée; puis, pendant deux semaines, elle a vécu une vie plus jeune, plus aĉtive; depuis quelques jours, elle eſt retombée dans son éternel sommeil.

Que m'importe? Je ne me sens pas encore le besoin que Laurence m'aime. J'en suis à cet égoïsme suprême qui, en amour, se contente de ses propres tendresses.

J'aime, je ne désire rien de plus; je m'oublie sur le sein de cette femme, je me repose dans cette dernière consolation.

XX

Hier, il y a eu soirée chez Jacques. Pâquerette est venue dans l'après-midi nous dire que nos voisins nous attendaient à onze heures pour souper. Cloué au lit, je n'ai cependant pas voulu refuser, désireux de procurer à Laurence quelque diftraction.

Restés seuls, nous avons débattu la grande queftion du pantalon. Il a été décidé que Laurence me taillerait une sorte de culotte courte dans un morceau de serge verte qui eft las de traîner sur le carreau. Elle s'eft mise à l'œuvre, &, deux heures après, j'étais coftumé en débardeur, chemise d'un blanc douteux & lambeau de damas à la ceinture.

Laurence a ensuite nettoyé sa robe bleue, autant que possible, avec un chiffon mouillé. Elle l'a repassée en tendant l'étoffe & en la frottant sur un de ses genoux; elle a même poussé les réparations jusqu'à coudre, autour des manches & du corsage, une petite dentelle blanche, jaunie & fripée.

Notre entrée a été triomphale. Jacques & Marie ont feint de croire à une plaisanterie; ils nous ont applaudis, comme des acteurs qui atteignent l'effet qu'ils veulent produire. J'avais quelque honte; je ne me suis senti à l'aise que lorsqu'on ne s'eft plus occupé de ma culotte courte en serge verte.

Nous avons trouvé là Pâquerette inftallée dans un fauteuil. Je ne sais comment cette petite vieille a fait pour pénétrer chez Jacques, qui eft un garçon froid & peu causeur.

Elle a une souplesse de serpent, une voix
mielleuse & chevrotante qui forcent les
portes les mieux fermées. D'ailleurs, elle
paraissait chez elle; elle s'étalait avec dévotion, ramenant ses mains sèches sur ses
jupes, & renversait la tête à demi, ouvrant
& fermant ses yeux gris perdus dans les
rides de son visage. Elle paraissait savou-
rer à l'avance les friandises posées à son
côté, sur un guéridon.

Marie, qui s'était dressée à notre arrivée,
s'eft assise de nouveau dans un angle du
canapé; les rougeurs de ses joues luisaient
plus vives, & elle riait, montrant ses dents
blanches. Jacques, debout devant la cheminée, l'écoutait avec complaisance, grave
toujours, mais affectueux, presque souriant.

On nous avait avancé des chaises. La
chambre était vivement éclairée par deux
candélabres de cinq bougies chacun, posés
sur le guéridon. Ce guéridon, encombré
de bouteilles & d'assiettes, avait été poussé

contre le mur, pour faire place, en attendant qu'on lui fît occuper le milieu de la pièce. Les rideaux du lit étaient tirés; le parquet, les étoffes, les meubles semblaient avoir été brossés & lavés avec soin. Nous étions en plein luxe, en plein feſtin.

J'allais assiſter, pour la première fois, à un de ces soupers dont il m'eſt arrivé jadis de rêver en provincial. Je me trouvais calme, reposé; Laurence souriait, j'étais heureux de sa joie. Il y a dans l'éclat des bougies, dans la vue de bouteilles rougissantes, d'assiettes pleines de gâteaux & de viandes froides, dans la sensation d'une chambre close, lumineuse, tiède de parfums indéfinissables, une sorte de bien-être physique qui endort la pensée. Ma compagne, les lèvres ouvertes, retrouvait sans doute là des senteurs connues. Moi-même, je sentais le sang couler plus chaud & plus rapide dans ma chair; j'éprouvais un besoin de rire & de boire, sollicité par mon corps que j'entendais vivre.

D'ailleurs, la chambre était tranquille,
les éclats de gaieté adoucis, l'orgie honnête
& décente. Nous avons bu un verre de
madère, causant avec le plus grand calme.
Cette paix m'impatientait, j'étais tenté
de crier. Les deux jeunes femmes avaient
pris place aux côtés de Pâquerette, parlant
à voix basse. J'entendais la voix cassée de
la vieille comme un murmure, tandis que
Jacques m'expliquait la raison du gala. Il
venait de passer heureusement un examen
& célébrait cet événement. Il m'a paru
plus expansif, moins homme pratique;
il s'abandonnait davantage, oubliant de
mettre en avant sa position future, allant
même jusqu'à parler de sa jeunesse. Jacques, pour dire le vrai, était gris de joie; il
consentait à faire le fou, parce qu'il venait
de monter un échelon de plus vers la sagesse.

On s'eſt enfin mis à table. J'attendais
cet inſtant. J'ai empli mon verre & j'ai bu.
J'avais grand'faim, vivant de croûtes; mais
je dédaignais les gâteaux & les viandes

froides; je m'adressais au vin, blanc ou
rouge. Je ne buvais pas par besoin d'ivresse,
je buvais pour boire, parce qu'il me semblait que j'étais là pour vider mon verre.
Je me suis acquitté de cette besogne avec
conscience, & j'ai éprouvé de la joie à
sentir mes membres s'alanguir peu à peu
& ma pensée se troubler.

Au bout d'une demi-heure, les flammes
des bougies ont pâli & se sont étalées, la
chambre eſt devenue toute rouge, d'un
rouge effacé & vacillant. Ma raison qui
chancelait s'eſt raffermie d'une façon
étrange, elle a eu une effrayante lucidité.
J'étais ivre, je devais avoir sur la face
le masque hébété, le sourire idiot des
ivrognes; mais, en moi, tout au fond de
mon intelligence, je me sentais calme &
sensé, je raisonnais en toute liberté. C'était
là une ivresse terrible; je souffrais de l'affaissement de mon corps, qui se mourait
d'accablement, & de la vigueur de mon
âme, qui voyait & jugeait.

Au bruit des verres & des fourchettes,
tandis que les femmes & Jacques riaient,
causant entre eux, moi, un coude sur
la table, je les regardais. Leurs visages,
leurs paroles m'arrivaient dans une sensation nette & claire, douloureuse d'acuité
& de pénétration. Mon amour était toujours en moi, troublant & changeant mon
être ; mais le vieil homme, le philosophe
raisonneur, venait de se réveiller. Je me
plaisais dans mon ivresse & dans Laurence, tout en ayant conscience de ces
deux fanges.

Jacques était assis à ma gauche ; je ne
sais s'il avait réussi à se griser ; toutefois
il feignait la déraison. En face, j'avais les
trois femmes, Marie à ma droite, puis
Pâquerette, puis Laurence qui se trouvait
à la gauche de Jacques. Mes regards res-
taient attachés sur ces trois femmes qui
m'apparaissaient avec des visages & des
sons de voix nouveaux.

Je n'avais plus revu Marie depuis le

jour où je l'avais trouvée sur le canapé,
blanche & languissante. Alors, on pouvait
la prendre pour une jeune fille se mourant
de virginité. Maintenant, ses cheveux
blonds dénoués, la tête en feu, d'un violet
pâle aux joues, elle agitait ses bras nus
avec la fièvre d'une enfant ignorante qui
marche à sa première volupté. Je me perdais dans le flamboiement de ce jeune
front.

Je ne sais quoi de poignant s'échappait de cette créature qui s'éveillait de son
agonie pour rire & boire, pour essayer de
goûter les angoisses voluptueuses de cette
vie qu'elle avait vécue sans le savoir, dans
son innocence de petite fille. A la voir,
échevelée & frémissante, les yeux brûlants,
les lèvres humides, il me semblait, dans
l'effarement de mon ivresse, apercevoir
une moribonde qui, sur son lit de mort,
entend tout à coup la voix de ses sens &
de son cœur, & qui, hésitante, ne sachant
que faire en ce moment suprême, ne veut

cependant pas mourir avant d'avoir contenté ses vagues aspirations.

Laurence s'était animée, elle aussi. Elle
était presque belle d'impudeur. Sa face
avait pris une franchise de vice qui donnait à chacun de ses traits une suprême
insolence; le visage entier s'était allongé;
de grands plans carrés, traversés de lignes
profondes, coupaient nerveusement les
joues & la gorge en masses fortes & dé-
daigneuses. Elle était pâle, & quelques
gouttes de sueur perlaient sur son front à
la racine de ses cheveux qui se dressaient
droits sur son crâne bas & écrasé. Vautrée
dans son fauteuil, la face morte & convulsée, les yeux noirs & vivants, elle m'apparaissait comme une image terrible de la
femme qui a pesé dans sa main toutes les
voluptés & qui les refuse maintenant, les
trouvant trop légères. Par moments, je
croyais qu'elle me regardait en haussant
les épaules; elle souriait de pitié, je
l'entendais me dire : « Tu m'aimes, eh!

que veux-tu de moi? mon corps eſt défunt,
je n'ai jamais eu de cœur. »

Quant à Pâquerette, elle était plus maigre, plus ridée. Sa figure, semblable à une
pomme séchée, semblait s'être fripée encore & avait pris une teinte pâle de rouge
brique. Les yeux n'étaient plus que deux
points brillants. Elle hochait la tête d'une
façon douce & aimable, bavardant comme
une serinette aigre. Elle jouissait d'ailleurs
d'un calme parfait, bien qu'elle eût mangé
& bu à elle seule autant que nous trois
ensemble.

Je les regardais toutes trois. Le trouble de
mon cerveau qui les grandissait, les faisait
osciller étrangement devant moi. Je me
disais que toute la débauche était là : la
débauche jeune & insouciante, la débauche
mûre dans sa franchise, la débauche qui a
vieilli & qui vit en cheveux blancs de son
infamie passée. Pour la première fois, je
voyais ces femmes ensemble, côte à côte.
A elles seules, elles étaient tout un monde.

Pâquerette dominait de toute sa vieillesse;
elle présidait, elle appelait « mes filles »
les deux malheureuses qui la caressaient.
Il y avait toutefois cordialité, fraternité
entre elles; elles parlaient en sœurs, sans
songer à leur différence d'âge. Mes regards
voilés confondaient les trois têtes, je ne savais plus sur quel front étaient les cheveux
blancs.

Et nous étions là, en face, Jacques &
moi. Nous étions jeunes, nous célébrions
un succès de l'intelligence. J'ai été sur le
point de sortir, frères, & de courir jusqu'à vous. Puis j'ai éclaté de rire, tout
haut sans doute, car les femmes m'ont regardé, étonnées. Je me suis dit que tel
était désormais le monde où je devais vivre. J'ai fermé les yeux & j'ai vu des anges,
vêtus de longues robes bleues, qui montaient dans une lumière pâle, pleine d'é-
tincelles.

Le souper avait été fort gai. On chantait & on causait. Il me semblait que la

chambre était pleine d'une fumée épaisse qui me serrait à la gorge & me piquait les yeux. Puis, tout a tourné, j'ai cru que j'allais m'endormir, lorsque j'ai entendu une voix lointaine qui criait, avec le son d'une cloche fêlée :

— Il faut nous embrasser! il faut nous embrasser!

J'ai ouvert les yeux à demi, & j'ai vu que la cloche fêlée était Pâquerette qui venait de monter sur son fauteuil. Elle agitait les bras & ricanait.

— Jacques, Jacques, criait-elle, embrassez Laurence. C'eſt une bonne fille que je vous donne à désennuyer. Eh! toi, Claude, pauvre enfant endormi, embrasse Marie qui t'aime & te tend ses lèvres. Allons, embrassons-nous, embrassons-nous. Vous allez voir.

Et la petite vieille a sauté à terre.

Jacques s'eſt penché & a donné un baiser à Laurence qui le lui a rendu. Je me suis tourné alors vers Marie qui, les bras tendus, la tête renversée, m'attendait. J'allais la baiser au front, lorsqu'elle a plié encore le cou en arrière, & m'a tendu sa bouche. La lumière des bougies tombait sur sa face. Mes yeux étant sur ses yeux, j'ai aperçu au fond de son regard une clarté d'un bleu pur qui m'a paru être son âme.

Comme j'étais courbé, regardant l'âme de Marie, j'ai senti des lèvres froides se poser sur mon cou. Je me suis tourné, Pâquerette était là, riant, frappant ses mains sèches. Elle avait embrassé Jacques & venait de m'embrasser à mon tour. Je me suis essuyé le cou.

Sept heures sonnaient, une clarté pâle annonçait le jour. Tout était dit, nous n'avions plus qu'à nous séparer. Comme j'allais sortir, Jacques m'a jeté sur l'épaule un pantalon & un paletot que je n'ai pas même songé à refuser. Pâquerette a monté devant nous, allongeant son bras maigre qui tenait une chandelle.

Lorsque nous avons été couchés, j'ai
songé aux embrassements que nous avions
échangés. J'ai regardé Laurence; j'ai cru
voir ses lèvres rouges des lèvres de Jacques.
J'avais toujours devant moi, dans l'ombre,
la lueur bleue qui brûlait au fond des yeux
de Marie. Je ne sais quel frisson m'a pris
aux pensées vagues qui me sont venues,
& je me suis endormi d'un sommeil fiévreux. En dormant, je me sentais au cou
la sensation froide & pénible de la bouche
de Pâquerette; je rêvais que je me passais
la main sur la peau & que je ne pouvais
enlever ces deux lèvres qui me glaçaient.

XXI

Dimanche, en ouvrant la fenêtre, j'ai
vu que le printemps était de retour. L'air
s'attiédissait, frémissant encore; on sentait

dans les derniers frissons de l'hiver les premières ardeurs du soleil. J'ai aspiré largement ce flot de vie se berçant dans le ciel, j'ai pris une grande joie à ces parfums chauds & un peu âcres qui montaient de la terre.

A chaque printemps, mon cœur rajeunit, ma chair devient plus légère. Il y a purification de tout mon être. Devant ce ciel pâle & clair, d'une blancheur éclatante au levant, ma jeunesse s'eft éveillée. J'ai regardé la grande muraille; elle était nette & propre, & des brins d'herbe avaient poussé entre les pierres. J'ai regardé dans la rue: les pavés & les trottoirs blanchissaient; les maisons, lavées par les pluies, riaient au soleil. La jeune saison donnait sa gaieté à toutes choses. J'ai croisé mes bras avec force; puis, me retournant :

— Lève-toi, lève-toi, ai-je crié à Laurence, voici le printemps qui nous appelle!

Laurence s'eft levée, tandis que je suis allé emprunter une robe & un chapeau à

10

Marie & vingt francs à Jacques. La robe était blanche, semée de bouquets lilas ; le chapeau avait de larges rubans rouges.

J'ai pressé Laurence, je l'ai coiffée moi-même, j'avais hâte d'être au soleil. Dans la rue, j'ai marché rapidement, ne levant pas la tête, attendant les arbres ; j'entendais avec une sorte d'émotion recueillie le bruit des voix & des pas. Au jardin du Luxembourg, en face des grands massifs de marronniers, mes jambes ont fléchi, j'ai dû m'asseoir. Il y avait deux mois que je n'étais sorti. Je suis refté là sur un banc, un grand quart d'heure, à m'abîmer dans la jeune verdure, dans le jeune ciel. Je venais d'une telle nuit que le printemps m'éblouissait.

Alors, j'ai dit à Laurence que nous allions marcher longtemps, longtemps, devant nous, jusqu'à ce que nous ne puissions plus marcher. Nous irions ainsi dans l'air tiède, humide encore, en pleine herbe, en plein soleil. Laurence, qui s'éveillait, elle aussi, s'eft levée & m'a entraîné, à pas pressés, comme un enfant.

Nous avons pris la rue d'Enfer & la route d'Orléans. Toutes les fenêtres étaient ouvertes, montrant les meubles. Il y avait sur les portes des hommes en blouses blanches qui causaient en fumant. On entendait sortir des boutiques des éclats de rire. Ce qui m'entourait, rues, maisons, arbres, ciel, me paraissait avoir été nettoyé avec soin. Les horizons étaient propres, tout neufs, blancs de netteté & de lumière.

Aux fortifications, nous avons rencontré les premières herbes, herbes courtes encore, en larges tapis. Nous sommes descendus dans le fossé, allant le long des hautes murailles grises, les suivant dans leurs angles. D'un côté le mur pâle, de l'autre le talus verdoyant; on avance comme dans une rue déserte & silencieuse, qui n'aurait pas de maisons. Il y a des coins où les rayons s'amassent, faisant

pousser de grands chardons que peuple
toute une nation d'insectes, scarabées, pa-
pillons, abeilles; ces coins sont tout bour-
donnement & chaleur. Mais le matin, le
talus jette son ombre; on marche sans
bruit, sur un gazon fin & serré, ayant devant soi une bande étroite de ciel sur laquelle se détachent les arbres maigres, en
pleine lumière, qui dominent la muraille.

Les fossés des fortifications sont de petits déserts où je me suis souvent oublié.
L'horizon étroit, l'ombre, le silence, que
rendent plus sensible le sourd murmure de
la grande ville & les clairons des casernes
voisines, en font un lieu cher aux gamins,
aux petits & aux grands enfants. On est là,
dans un trou, aux portes de la cité, la sentant haleter & tressaillir, mais ne l'apercevant plus. Pendant une demi-heure,
Laurence & moi, nous nous sommes contentés de ce ravin qui nous faisait oublier
les maisons & les sentiers frayés; nous
étions à mille lieues de Paris, loin de toute

habitation, ne voyant que des pierres, de
l'herbe, du ciel. Puis, étouffant déjà,
avides de la plaine, nous avons monté le
talus en courant. La large campagne s'eſt
étendue devant nous.

Nous nous trouvions dans les terrains
vagues de Montrouge. Ces champs défon-
cés & boueux sont frappés d'éternelle désolation, de misère, de lugubre poésie.
Çà & là, le sol noir baille affreusement,
montrant, comme des entrailles ouvertes,
d'anciennes carrières abandonnées, blafardes & profondes. Pas un arbre; sur
l'horizon bas & morne se détachent seulement les grandes roues des treuils. Les
terres ont je ne sais quel aspeçt sordide, &
sont couvertes de débris sans nom. Les
chemins tournent, se creusent, s'allongent
avec mélancolie. Des masures neuves en
ruines, des tas de plâtras s'offrent à chaque
détour des sentiers. Tout eſt cru à l'œil,
les terrains noirs, les pierres blanches, le
ciel bleu. Le paysage entier, avec son as-

10.

pect maladif, ses plans brusquement cou-
pés, ses plaies béantes, a la triftesse indicible des contrées que la main de l'homme
a déchirées.

Laurence, qui était devenue rêveuse
dans les fossés des fortifications, s'eft serrée contre moi en traversant la plaine désolée. Nous avons marché en silence, nous
retournant parfois pour voir Paris qui
grondait à l'horizon. Puis nous ramenions
nos regards à nos pieds, évitant les trous,
regardant, l'âme attriftée, cette plaine dont
le soleil montrait brutalement les blessures ouvertes. Là-bas étaient les églises,
les Panthéons & les palais royaux; ici
étaient les ruines d'un sol bouleversé, que
l'on avait fouillé & volé pour bâtir des
temples aux hommes, aux rois & à Dieu.
La ville expliquait la plaine; Paris avait
à son seuil la désolation que fait toute
grandeur. Je ne sais rien de plus morne ni
de plus lamentable que ces terrains vagues
qui entourent les grandes cités; ils ne

sont point encore ville, & ils ne sont plus campagne ; ils ont les poussières, les mutilations de l'homme, & n'ont plus la verdure ni la tranquille majesté de Dieu.

Nous avions hâte de fuir. Laurence se blessait les pieds, elle avait peur de ce désordre, de cette mélancolie qui lui rappelaient notre chambre. Moi, je trouvais là mon amour, ma vie troublée & saignante. Nous pressions le pas.

Nous avons descendu un coteau. La Bièvre coulait au fond du vallon, bleuâtre & épaisse. Des arbres, de loin en loin, bordaient le ruisseau ; de grandes maisons, sombres, efflanquées, percées d'immenses fenêtres, se dressaient lugubrement. Le vallon est plus écœurant que la plaine ; il est humide, gras, puant. Les tanneries y ont des senteurs âcres & étouffantes ; les eaux de la Bièvre, cette sorte d'égout en plein ciel, exhalent une odeur fétide & forte qui prend à la gorge. Ce n'est plus la désolation morne & grise de Montrouge ;

c'eſt le dégoûtant aspeĉt d'un ruisseau noir
de boue & d'ordures, charriant des puan-
teurs. Quelques peupliers, dans ce fumier,
ont poussé puissamment, &, là-haut, sur
le ciel clair, se détachent les longues lignes
blanches de l'Hôpital de Bicêtre, cette effrayante demeure de la folie & la mort,
qui domine dignement la vallée malsaine
& ignoble.

Le désespoir m'a pris, je me suis demandé si je n'allais pas m'arrêter là & passer ma journée au bord de l'égout. Je ne
pouvais donc pas sortir de Paris, je ne
pouvais échapper au ruisseau. Jusque dans
les champs, la saleté & l'infamie me suivaient; les eaux étaient corrompues, les
arbres avaient une santé malsaine, mes
yeux ne rencontraient que plaies & que
souffrances. Ce devait être là la campagne
que Dieu me réservait maintenant. Chaque
dimanche, je viendrais, Laurence au bras,
me promener sur le bord de la Bièvre, le
long des tanneries, & parler d'amour dans

ce cloaque; je viendrais, à l'heure de midi,
m'asseoir avec mon amante sur la terre
grasse, m'abîmant dans cette créature morte
& dans ce vallon sordide. Je me suis arrêté
effrayé, prêt à rentrer à Paris en courant,
& j'ai regardé Laurence.

Laurence avait son visage affaissé, son
visage de misère & de vieillesse. Le sourire du départ s'était évanoui. Elle semblait lasse & ennuyée; elle regardait autour d'elle, calme, sans dégout. J'ai cru
la voir dans notre chambre, j'ai compris
qu'il fallait à cette âme endormie plus de
soleil, une nature plus douce pour lui
rendre ses quinze ans.

Alors, je lui ai pris fortement le bras;
sans lui permettre de tourner la tête, je l'ai
entraînée, remontant le coteau, toujours
tout droit, suivant les routes, traversant
les prés, en quête du printemps jeune &
vierge. Pendant deux heures, nous sommes allés ainsi, en silence, rapidement.
Nous avons passé par deux ou trois vil-

lages, Arcueil, Bourg-la-Reine, je crois;
nous avons parcouru plus de vingt sentiers,
entre des murs blancs & des haies vertes.
Puis, comme nous venions de sauter un
mince ruisseau, dans une vallée pleine de
feuillages, Laurence a poussé un cri d'enfant, un éclat de rire, & elle s'eft échappée
de mon bras, courant dans l'herbe, toute
gaie, toute naïve.

Nous étions dans un grand carré de gazon, planté d'arbres, de hauts peupliers,
qui montaient d'un jet, majeftueusement,
& se balançaient avec langueur dans l'air
bleu. Le gazon était dru & épais, noir à
l'ombre, doré au soleil; on eût dit, lorsque
le vent agitait les peupliers, un large tapis
de soie à reflets changeants. Tout autour
s'étendaient des terres labourées, couvertes
d'arbuftes & de plantes; l'horizon n'était
que feuilles. Une maison blanche, basse &
longue, qui s'abritait au seuil d'un bouquet d'arbres voisin, se détachait gaiement
sur tout ce vert. Plus loin, plus haut, au

bord du ciel, à travers des ombrages, se
montraient les premiers toits de Fontenay-
aux-Roses.

La verdure était née de la veille, elle
avait des fraîcheurs, des innocences de
vierge ; les jeunes feuilles, pâles & tendres,
en masses claires, semblaient une dentelle
légère & délicate posée sur le grand voile
bleu du ciel. Les troncs eux-mêmes, les
vieux troncs rugueux, semblaient comme
peints à neuf ; ils avaient caché leurs blessures sous des mousses nouvelles. C'était
une chanson universelle, une gaieté fraîche,
caressante. Les pierres & les terrains, le
ciel & les eaux, tout paraissait propre &
vigoureux, sain & innocent. La campagne
enfant, verte & dorée, sous le large horizon d'azur, riait dans la lumière, ivre de
sève, de jeunesse, de virginité.

Et au milieu de cette jeunesse, de cette
virginité, courait Laurence en pleine lumière, en pleine sève. Elle s'était plongée
dans l'herbe, abîmée dans l'air pur, elle

avait retrouvé ses quinze ans au sein de
cette campagne qui n'avait pas quinze
jours. La jeune verdure rafraîchissait son
sang, les jeunes rayons échauffaient son
cœur, rougissaient ses joues. Tout son
être s'éveillait dans cet éveil de la terre;
comme la terre, elle redevenait vierge, la
saison étant douce.

Laurence courait follement, souple &
forte, emportée par la vie nouvelle qui
chantait en son être. Elle se couchait, se levait avec vivacité, éclatait de rire, se baissait
pour cueillir une fleur, puis fuyait entre les
arbres, puis revenait, ardente, toute rose.
Sa face entière s'était animée, les traits détendus, assouplis, avaient une bonne expression de joie. Le rire était franc, la voix
sonore, le geste caressant. Assis contre un
arbre, je la suivais des yeux, blanche dans
l'herbe, le chapeau tombé sur les épaules;
je prenais plaisir à cette belle robe propre,
légère, qu'elle portait chastement & qui lui
donnait un air de pensionnaire turbulente.

Elle accourait à moi, me jetait, gerbe par gerbe, les fleurs qu'elle cueillait, marguerites & boutons d'or, églantines & muguets; puis elle partait de nouveau, éclatante au soleil, pâle & transparente à l'ombre, comme bourdonnant dans la lumière, ne pouvant s'arrêter. Elle emplissait ces herbes & ces feuilles de bruit & de mouvement; elle peuplait ce coin perdu; le printemps avait plus de clarté, plus de vie, depuis que cette enfant blanche riait dans la verdure.

Fraîche, rougissante, toute vibrante, Laurence eſt venue s'asseoir à mon côté. Elle était humide de rosée, ses seins se soulevaient, rapides, pleins d'un souffle jeune & frais. Il s'exhalait d'elle une bonne odeur d'herbe & de santé. J'avais enfin près de moi une femme, vivant largement, purement, regardant la lumière en face. Je me suis penché, j'ai baisé Laurence au front.

Elle prenait les fleurs, une à une, les

disposant en bouquet. Le soleil montait, les ombres étaient plus noires; autour de nous régnait un grand silence. Couché sur le dos, je regardais le ciel, je regardais les feuilles, je regardais Laurence. Le ciel était d'un bleu mat; les feuilles, déjà languissantes, s'endormaient au soleil; Laurence, la tête penchée, calmée & souriante, se hâtait avec des mouvements vifs & souples. Je ne pouvais détacher mes regards de cette femme couchée à demi, perdue au milieu de ses jupes, le front dans une ombre dorée, qui m'apparaissait innocente & active, pleine de ses quinze ans. J'éprouvais une telle paix, une si profonde joie, que je n'osais ni remuer ni parler; je vivais de cette pensée que le printemps se trouvait en moi, autour de moi, & que Laurence était vierge; je me perdais dans ce songe de la pureté de mon amante & de la hauteur de mon amour. Enfin j'aimais une femme; cette femme riait, cette femme existait, elle avait les bonnes couleurs, la

gaieté franche de la jeunesse. Les jours
passés n'étaient plus, l'avenir m'apparaissait dans une lueur, calme & splendide.
Mes rêves de virginité, mon amour de
la lumière allaient être contentés ; dès
cette heure, commençait une vie d'extase
& de tendresse. Je ne songeais plus à la
Bièvre, à cet égout noirâtre au bord du-
quel j'avais eu l'effrayante tentation de
m'asseoir & d'embrasser Laurence. Je voulais maintenant habiter la maison blanche,
là-bas, au seuil du bouquet d'arbres, y
vivre à jamais avec mon amie, avec ma
femme, dans la rosée, dans le soleil, dans
l'air pur.

Laurence venait d'attacher son bouquet
à l'aide d'un brin d'herbe. Il était onze
heures, nous n'avions encore rien mangé.
Il nous a fallu quitter ces arbres sous lesquels mon âme avait aimé pour la première
fois, & nous mettre en quête d'un cabaret.
J'ai marché devant, à travers la campagne,
par des sentiers étroits, bordés de champs

de fraisiers. Laurence me suivait, ramenant ses jupons, s'oubliant à chaque haie.
Brusquement, au détour d'un chemin,
nous avons trouvé ce que nous cher-
chions.

Le *Coup du milieu*, le cabaret où nous
sommes entrés, eſt situé dans un pli de
terrain, entre Fontenay & Sceaux, tout
près de l'étang du Plessis-Piquet. Du dehors, on ne voit qu'un massif, un jet de
verdure, une vingtaine d'arbres qui ont
poussé fièrement; le dimanche, il sort de
ce nid immense un bruit de fourchettes &
de couteaux, de rires & de chansons. Au
dedans, lorsqu'on a franchi la porte sur-
montée d'une large enseigne placée de
biais, & qu'on a descendu une pente douce,
on se trouve dans une allée, assombrie par
les feuillages, bordée de bosquets à droite
& à gauche; chacun de ces bosquets eſt
garni d'une longue table & de deux bancs,
scellés dans la terre, rougis et noircis par
la pluie. Tout au bout, l'allée s'élargit, il

y a clairière, une balançoire pend entre
deux arbres.

Les bosquets étaient silencieux & déserts. Des hommes en blouses bleues, des
paysans, se balançaient; un gros chien
se tenait gravement assis sur son derrière,
au milieu de l'allée. Laurence & moi, nous
nous sommes attablés sous un berceau, à
une grande table de vingt couverts. Il
faisait presque nuit sous les feuilles, la
fraîcheur était pénétrante. Au loin, nous
apercevions, entre les branches, la campagne éclatante de soleil, endormie sous les
premiers rayons. Les acacias du massif
avaient fleuri la veille; les senteurs douces & suaves de leurs grappes emplissaient
l'air calme & caressant.

On nous a mis une serviette sur le bout
de la table, en guise de nappe, puis on nous
a servi ce que nous avions demandé, des
côtelettes, des œufs, je ne sais trop quoi.
Le vin, contenu dans un petit broc de grès
bleuâtre, égratignait le gosier; un peu rude

& âpre, il ouvrait merveilleusement l'ap-
pétit. Laurence dévorait; je ne lui connaissais pas ces belles dents blanches, affa-
mées, mordant au pain avec des éclats de
rire. Jamais je n'ai mangé si volontiers. Je
me sentais léger d'âme & de corps, je me
surprenais à me croire encore écolier, aux
jours où nous allions nous baigner dans la
petite rivière & dîner sur les herbes de la
rive. J'aimais ce linge blanc sur la table
noire, ces ténèbres des feuillages, ces fourchettes de fer, ces grossières faïences; je
regardais Laurence, je vivais largement,
dans la plénitude de mes sensations, jouissant avec volupté de tout ce qui m'entourait.

Au dessert, le chef de cuisine est venu
recevoir nos félicitations. C'est un grand
vieillard, un peu voûté, tout de blanc
vêtu. Il se coiffe d'un bonnet de coton &
porte, ramenées sur les tempes, deux
touffes de cheveux grisonnants & frisés,
parmi lesquels s'oublient quelques pa-

pillotes. Laurence a ri pendant une heure de cette excellente figure rusée & naïve.

J'ignore ce que nous avons fait jusqu'au soir. La journée a été une journée de soleil, d'éblouissement. Je ne sais quels sentiers nous avons pris, quelles ombres nous avons choisies. Il y a, lorsque je songe à ces heures d'extase, une splendeur devant mes yeux. Le souvenir des détails est rebelle, mon être entier a la sensation d'une grande félicité, d'une grande lumière. Il me semble vaguement que nous nous sommes oubliés, Laurence & moi, au fond d'un trou, dans la mousse, ne voyant qu'un vaste morceau de ciel; nous sommes restés, la main serrant la main, parlant peu, ivres; nos yeux, tournés en haut, se sont emplis de clarté jusqu'à l'aveuglement, nous n'avons plus rien vu que nos cœurs & nos pensées. Mais tout ceci est peut-être un rêve; la mémoire m'échappe, je n'ai conscience que d'avoir été

aveugle, d'avoir entrevu des milliers
d'aftres dans mes ténèbres.

Le soir, sans savoir comment, nous
nous sommes retrouvés au *Coup du milieu*. Il y avait foule. Des jeunes femmes
& des jeunes hommes emplissaient les
bosquets, faisant tapage; les robes blanches, les rubans rouges & bleus tachaient
le vert tendre des feuilles; les éclats de
rire traînaient doucement dans le crépuscule. Des bougies avaient été allumées sur
les tables, piquant de points lumineux
l'ombre naissante. Des Tyroliens chan-
taient au milieu de l'allée.

Nous avons mangé sur un bout de table, comme le matin, nous mêlant aux
rires, faisant effort pour sortir de nous-
mêmes. La jeunesse bruyante qui nous
entourait, m'effrayait un peu; je croyais
retrouver là beaucoup de Jacques, beaucoup de Maries. Entre les branches, j'apercevais un coin du ciel, pâle & mélancolique, sans étoiles encore; j'avais peine à

quitter des yeux ces calmes espaces pour le monde de folie qui criait autour de moi. Je me rappelle aujourd'hui que Laurence paraissait fiévreuse, troublée.

Puis, le silence s'eft fait, tous sont partis, & nous sommes reftés. J'avais résolu de coucher au *Coup du milieu* pour jouir, le lendemain, de la rosée, des clartés blanches de l'aube. En attendant que l'on mît des draps à notre lit, je suis allé avec Laurence m'asseoir sur un banc, au fond du jardin. La nuit était douce, étoilée, transparente; des bruits vagues montaient de la terre; un cor, sur la hauteur, se plaignait d'une voix éteinte & caressante. La plaine, avec ses grandes masses de feuillages, noires, immobiles, étendait ses horizons myftérieux; elle semblait dormir, frissonnante, agitée par un rêve d'amour.

Notre chambre m'a paru humide. Elle était au rez-de-chaussée, basse, neuve, déjà toute dégradée. Les meubles man-

quaient. Au plafond, des amants avaient
tracé leurs noms, en promenant sur le
plâtre la flamme d'une chandelle; les lettres, noueuses & tremblées, s'étalaient
larges, noires. J'ai pris un couteau, &,
comme un enfant, j'ai gravé une simple
date, au-dessous d'une lucarne en forme
de cœur qui s'ouvrait sur la campagne,
sans grille ni volet.

Le lit était bon, si la chambre n'était
pas belle. Le matin, en m'éveillant, dans
le demi-sommeil, j'ai aperçu sur le mur qui
me faisait face, un spectacle que je n'ai pu
comprendre et qui m'a épouvanté. La
chambre était obscure encore; au milieu
de l'ombre, sur la muraille, saignait un
cœur énorme. J'ai cru sentir ma poitrine
vide, je me suis mis à chercher mon amour
avec désespoir. J'ai senti mon amour me
mordre aux entrailles, & j'ai compris que
le soleil se levait & qu'il entrait librement
par la lucarne.

Laurence s'eſt levée, nous avons ouvert

porte & fenêtre. Un flot de fraîcheur eſt
entré, apportant dans la chambre toutes
les senteurs de la campagne. Les acacias,
plantés presque sur le seuil, avaient une
odeur plus adoucie, plus suave. Une
aube blanche était au ciel & sur la terre.

Laurence a bu une tasse de lait, &,
avant de rentrer à Paris, j'ai voulu monter
au bois de Verrières, pour rapporter dans
mon cœur tout l'air pur du matin. Là-
haut, dans le bois, nous avons marché à
petits pas, le long des allées. La forêt était
comme une belle épousée au lendemain
des noces; elle avait des pleurs de volupté,
une jeune langueur, une fraîcheur humide, des parfums tièdes & pénétrants. Le
soleil à l'horizon glissait obliquement,
entre les arbres, par larges nappes; il y
avait je ne sais quelle douceur dans ces
rayons d'or qui se déroulaient à terre
comme des voiles de soie souples & éblouis-
sants. Et dans la fraîcheur, on entendait
le réveil du bois, ces mille petits bruits

qui témoignent de la vie des sources & des
plantes ; sur nos têtes étaient des chants
d'oiseaux, sous nos pieds des murmures
d'insectes, tout autour de nous des cra-
quements soudains, des gazouillements
d'eaux courantes, des soupirs profonds &
myſtérieux qui semblaient sortir du flanc
noueux des chênes. Nous avancions lentement, nous plaisant à nous attarder au soleil & à l'ombre, buvant l'air frais, es-
sayant de saisir les mots confus que les
aubépines nous adressaient au passage. O
la douce & souriante matinée, toute trem-
pée de larmes heureuses, tout attendrie
de joie & de jeunesse! La campagne en
était à cet âge adorable où la vieille nature
a pour quelques jours les grâces délicates
de l'enfance.

Je suis rentré à Paris, Laurence au bras,
jeune & fort, ivre de lumière, de printemps, le cœur plein de rosée & d'amour.
J'aimais hautement, je croyais être
aimé.

XXII

Le printemps s'en eſt allé, je me suis éveillé de mon rêve.

Je ne sais quel triſte enfant je suis, quelle âme misérable habite en moi. La réalité me pénètre, me secoue; ma chair souffre ou jouit puissamment de ce qui eſt; je suis comme un corps d'une sonorité exquise qui vibre à la moindre sensation, j'ai une perception aiguë & nette du monde qui m'entoure. Et mon âme se plaît à refuser la vérité; elle échappe à ma chair, elle dédaigne mes sens, elle vit ailleurs, dans le mensonge & l'espérance. C'eſt ainsi que je marche dans la vie. Je sais & je vois, je m'aveugle & je rêve. Tandis que je m'avance sous la pluie, en pleine boue, tandis que j'ai énergiquement conscience de tout

le froid, de toute l'humidité, je puis, par
une faculté étrange, faire luire le soleil,
avoir chaud, me créer un ciel doux & tendre, sans cesser de sentir le ciel noir qui
pèse à mes épaules. Je n'ignore pas, je
n'oublie pas : je vis doublement. Je porte
dans le songe la même franchise que
dans les sensations vraies. J'ai ainsi deux
exiftences parallèles, aussi vivantes, aussi
âpres, l'une qui se passe ici-bas, dans ma
misère, l'autre qui se passe là-haut, dans
l'immense & profonde pureté du ciel bleu.

Oui, telle eft sans doute l'explication de
mon être. Je comprends ma chair, je
comprends mon cœur; i'ai conscience de
mes innocences & de mes infamies, de
mes amours pour les mensonges & pour les
vérités. Je suis une délicate machine à sensations, sensations d'âme, sensations de
corps. Je reçois & je rends en frissonnant
le moindre rayon, la moindre senteur,
la moindre tendresse. Je vis tout haut,
criant de souffrance, balbutiant d'extase,

au ciel & dans la fange, plus écrasé après chaque nouvel élan, plus radieux après chaque nouvelle chute.

L'autre jour, dans l'air tiède, sous les grands arbres de Fontenay, ma chair s'était attendrie, mon cœur avait dominé. J'aimais, je me croyais aimé. La vérité m'échappait, je voyais Laurence vêtue de blanc, jeune & vierge ; son baiser me paraissait avoir tant de douceur qu'il me semblait venir de son âme. Aujourd'hui, Laurence est là, assise sur le bord du lit ; à la regarder, pâle & morne dans sa robe sale, ma chair frémit, mon cœur se soulève. Le printemps n'est plus, Laurence est vieille, elle ne m'aime pas. Oh ! le misérable enfant ! Je mérite de pleurer, moi qui fais mes larmes !

Que m'importent la laideur de Laurence, sa souillure, son affaissement ? Qu'elle soit plus laide, plus souillée, plus affaissée encore, mais qu'elle m'aime ! Je veux qu'elle m'aime.

Je ne regrette ni ses quinze ans , ni son jeune sourire de l'autre jour. Elle courait sous les arbres, elle était la bonne fée de ma jeunesse. Non, je ne regrette rien de sa beauté ni de sa fraîcheur; je regrette le rêve que j'ai fait en croyant sentir son cœur dans ses caresses.

Elle est là, déplorable, écrasée. J'ai bien le droit d'exiger qu'elle m'aime, qu'elle se livre à moi. Je l'accepte dans son être entier, je la veux telle qu'elle est, endormie & usée, mais je la veux, je la veux de toute ma volonté, de toute ma puissance.

Je me souviens que j'ai rêvé la rédemption, que je voulais en elle plus de raison, plus de pudeur. Que m'importe la pudeur, que m'importe la raison? Je n'en ai que faire maintenant. J'exige de l'amour, quel qu'il soit, impudique & fou. Je suis avide d'être aimé, je ne veux plus aimer tout seul. Rien ne lasse le cœur comme des caresses qui ne sont pas rendues. J'ai donné à cette femme ma jeunesse, mes es-

pérances ; je me suis enfermé avec elle dans
la souffrance & l'abjection ; j'ai tout oublié
au fond de nos ténèbres, la foule & ses jugements. Je puis bien, il me semble, demander en échange à cette femme de s'u-
nir à moi, de nous confondre au fond du
désert de misère & d'abandon où nous vivons tous deux.

Le printemps eft mort, vous dis-je.
J'ai rêvé que le jeune feuillage verdissait
au soleil, que Laurence riait follement
parmi les herbes hautes. Je me trouve
dans l'ombre humide de ma chambre, en
face de Laurence qui sommeille; je n'ai
pas quitté le bouge, je n'ai vu s'ouvrir ni
les yeux ni les lèvres de cette fille. Tout
eft mensonge. Dans cet écroulement du
vrai & du faux, dans ce bruit confus que
la vie fait en moi, je ne sens qu'un besoin,
un besoin cuisant & cruel : aimer, être
aimé, n'importe où, n'importe comment,
pour m'abîmer en un néant d'amour.

Oh! frères, plus tard, si jamais je sors

de ma nuit & qu'il me prenne le caprice
de conter à la foule mes amours lointaines,
j'imiterai sans doute ces pleurards, ces
rêveurs qui parent de rayons les démons
de leurs vingt ans & leur mettent des
ailes aux épaules. On les nomme les
poëtes de la jeunesse, ces menteurs qui ont
souffert, qui ont versé toutes leurs larmes,
& qui aujourd'hui, dans leurs souvenirs,
n'ont plus que des sourires & des regrets. Je
vous assure que j'ai vu leur sang, que j'ai
vu leur chair à nu, déchirée & endolorie.
Ils ont vécu dans la souffrance, ils ont grandi
dans le désespoir. Leurs maîtresses étaient
infâmes, leurs amours avaient toutes les
horreurs des amours du ruisseau. Ils ont
été trompés, blessés, traînés dans la boue;
j'amais ils n'ont rencontré un cœur, &
chacun d'eux a eu sa Laurence qui a fait de
sa jeunesse une solitude désolée. Puis,
la blessure s'eft fermée, l'âge eft venu, le
souvenir a donné son charme caressant à
toute l'infamie d'autrefois, & ils ont pleuré

leurs amours malsaines. C'eſt ainsi qu'ils
ont créé un monde mensonger de jeunes
pécheresses, de filles adorables dans leur
insouciance & leur légèreté. Vous les con-
naissez toutes, les Mimi Pinson & les
Musette, vous les avez révées à seize
ans, peut-être même les avez-vous cher-
chées. Leurs amants ont été prodigues;
ils leur ont accordé la beauté & la fraîcheur, la tendresse & la franchise ; ils en
ont fait des types pénétrants de libre
amour, d'éternelle jeunesse; ils les ont
imposées à notre cœur, ils se sont plu à se
tromper eux-mêmes. Ils mentent, ils mentent, ils mentent.

Je les imiterai. Comme eux, je m'abu-
serai sans doute, je croirai de bonne foi les
mensonges que mes souvenirs me conte-
ront; comme eux, j'aurai peut-être des
lâchetés, des timidités qui me pousse-
ront à ne pas parler haut & franc, disant
quelles auront été mes amours, & combien elles étaient impures. Laurence de-

viendra Musette ou Mimi; elle aura la
jeunesse, elle aura la beauté; ce ne sera
plus la femme qui eft là, muette, malpro-
pre, ce sera une toute jeune fille, étourdie,
aimant à droite, à gauche, mais vivante
encore, rendue plus jeune, plus adorable
par ses caprices. Le bouge deviendra une
mansarde gaie, fleurie, blanche de soleil;
la robe de soie bleue se changera en in-
dienne légère & propre; ma misère sera
pleine de sourires, mes tendresses rayon-
neront. Et je chanterai à mon tour la
chanson de la vingtième année, reprenant
le refrain où les autres l'ont laissé, conti-
nuant les paroles douces & menteuses, me
trompant, trompant ceux qui viendront
après moi.

Frères, dans ces lettres écrites pour
vous seuls & que je trace au jour le jour,
frissonnant encore des terribles secousses,
je puis être rude, âpre, dire tout, appuyant sur mes aveux. Je me livre entier,
je vis tout haut, je vous donne ma chair &

mon sang : je voudrais sortir mon cœur
de ma poitrine, vous le montrer, saignant, malade, franc dans ses abjections
& dans ses puretés. Je me sens plus haut
& plus digne en me confessant à vous;
j'ai une fierté immense au milieu de mon
abaissement ; plus je descends, plus je
grandis en dédain, en indifférence superbe. La douce chose que la franchise !
Dites-vous que, sur dix jeunes gens, huit
ont la même vie que moi, la même jeunesse : les uns, deux ou trois sur cent
peut-être, s'effrayent, pleurent comme je
pleure ; les autres, plusieurs milliers, acceptent & vivent en paix, infâmes & sou-
riants. Tous mentent. Moi, je me blesse,
je vous avoue en sanglotant quelles sont
mes amours, de quel terrible poids elles
m'étouffent.

Plus tard, je mentirai.

Rien n'existe, aujourd'hui, si ce n'est
l'amour de Laurence, que je n'ai pas &
que j'exige. Il n'y a plus de lumière, plus

de monde, plus de foule; il y a, dans
l'ombre un homme & une femme mis face
à face, à jamais. L'homme, en dehors de
toute pureté, de toute beauté, veut être
aimé de la femme, parce qu'il a peur
d'être seul, qu'il a froid, qu'il aime lui-
même. Au dernier jour, lorsque l'humanité
agonisera & qu'il ne reftera plus qu'un
couple sur la terre, la lutte sera terrible,
le désespoir immense, si le dernier amant
ne peut éveiller la dernière amante du
sommeil du cœur & de la chair.

XXIII

Marie a changé de chambre hier; elle eft
venue loger sur le même palier que moi,
dans une pièce séparée de la mienne par
une simple cloison. La pauvre enfant se

meurt; elle tousse d'une toux creuse &
sourde, avec une sorte de râle entre chaque
hoquet. Jacques, que cette toux troublait
dans sa quiétude d'homme fort, a décidé
que la malade serait plus à l'aise seule
dans une chambre séparée. Il lui a donné
Pâquerette pour la veiller & la soigner.

La nuit dernière, j'ai entendu pendant
de longues heures la toux & le râle de
Marie. Laurence dormait, sans souffle.
Chaque éclat étouffé qui traversait la cloison, me pénétrait d'une triftesse indicible.

Ce matin, en me levant, je suis allé voir
la mourante. Elle garde le lit, blanche,
résignée, souriante encore. Sa tête, élevée
sur deux oreillers, avait une sorte de langueur douce; ses deux bras maigres &
transparents s'allongeaient sur le drap, le
long de son pauvre corps qui se dessinait
sous la toile, en lignes sèches & lamentables.

La chambre m'a paru obscure & froide.
Elle ressemble à la mienne, mais elle eft

mieux meublée, moins sale. Une large
fenêtre s'ouvre sur la grande muraille
noire qui se dresse à quelques mètres de
la façade de la maison.

Marie était seule, immobile, les yeux
grands ouverts, regardant le plafond avec
cet air pensif et navrant des malades qui
voient déjà au delà de la vie. Páquerette
venait de descendre chercher son déjeuner.
Sur une petite table, dans le voisinage
d'un fauteuil, se trouvaient une armée de
bouteilles, un seul verre & des débris de
viandes. La pensée m'eſt venue que Pâquerette se soignait plus qu'elle ne soignait
la moribonde.

J'ai baisé le front de Marie, je me
suis assis sur le bord de la couche, tenant une de ses main. Elle a tourné la
tête lentement & m'a souri, me disant
qu'elle ne souffrait pas, qu'elle se reposait.
Sa parole, un peu rauque, n'était plus
qu'un murmure faible & caressant. Le
front incliné, elle me regardait de ses

yeux fiévreux & agrandis; il y avait de
l'étonnement, de la tendresse dans ses
regards larges. Une piété immense m'a
serré au cœur en face de cette misérable.
J'ai cru que j'allais pleurer.

Pâquerette eſt remontée, chargée de
nouvelles bouteilles & de nouvelles viandes. Elle a ouvert la fenêtre, se plaignant
du mauvais air; elle s'eſt établie commodé-
ment dans le fauteuil, devant la table,
puis s'eſt mise à manger bruyamment,
parlant en mâchant, queſtionnant Marie
sur ses amants, sur sa vie de la veille. Elle
semblait ignorer que cette enfant était
malade; elle la traitait en paresseuse qui
aime à garder le lit & à se faire plaindre.
Je regardais cette femme avec dégoût, rape-
tissée sur elle-même, léchant ses doigts
gras, ricanant, la bouche pleine, plaisantant
la mourante, & me jetant des regards sour-
nois & cyniques, de ces regards de courtisane affolée que certaines vieilles ont encore dans leurs yeux rougis.

Pâquerette, cessant de manger, a tourné à demi son fauteuil; puis, croisant les mains sur ses jupes, elle nous a regardés, Marie & moi, allant de l'un à l'autre, riant d'un rire mauvais.

— Eh! ma belle, a-t-elle dit à la malade en me désignant du doigt, n'eft-ce pas là un beau garçon? Son cœur eft veuf & a besoin de nouvelles amours.

Marie a souri triftement, fermant les yeux, retirant sa main que la mienne avait gardée.

— Vous vous trompez, ai-je répondu à Pâquerette après un moment de silence, mon cœur n'eft pas veuf. J'aime Laurence.

Marie a soulevé ses paupières & m'a rendu ses doigts que j'ai trouvés plus agités, plus brûlants.

— Laurence, Laurence, ricanait la vieille, elle se moque bien de vous! Voilà les hommes. Ils aiment qui les trahit & les abandonne. Cherchez femme, mon pauvre monsieur.

Je n'entendais pas distinctement, n'accordant d'ordinaire aucune attention aux bavardages de cette vieille. Et je ne sais pourquoi, j'ai éprouvé un vague malaise. Une chaleur inconnue a empli mon être d'un frisson douloureux.

— Écoutez, mes enfants, a ajouté Pâquerette en prenant ses aises, je suis une bonne femme, il me déplaît qu'on se moque de vous. Vous êtes gentils tous deux, doux comme des agneaux, bons comme du pain. J'ai rêvé de vous marier ensemble; je sais que jamais je n'aurai fait embrasser deux meilleures petites créatures. Allons, monsieur, prenez madame dans vos bras. Je rencontre tous les jours Laurence & Jacques qui se caressent dans l'escalier.

Je regardais Marie. Elle était calme, son pouls ne battait pas plus vite. Elle paraissait rêver les yeux fixés sur moi, & je ne savais si elle me voyait dans son rêve. Les baisers que Jacques pouvait

donner à Laurence ne la troublaient pas
dans la tranquille amitié qu'elle avait pour
lui.

Moi, je sentais la chaleur insupportable
monter dans ma poitrine. & m'étouffer.
J'ignorais quel était cet engourdissement
soudain qui me causait une douleur sourde,
profonde, allant jusqu'à l'âme. Je ne
songeais ni à Laurence ni à Jacques; j'é-
coutais Pâquerette, & l'étouffement aug-
mentait, me serrait à la gorge

Pâquerette frottait lentement ses mains
sèches; ses yeux gris, perdus sous ses paupières molles, brillaient étrangement dans
son visage jaune. Elle a repris d'une voix
plus cassée :

— Vous êtes là à vous regarder comme
de grands innocents. N'avez-vous pas
compris, Claude? Jacques vous prend Laurence, prenez Marie. Eh! tenez, la petite
sourit : elle ne demande pas mieux, allez.
De cette façon, personne ne sera veuf,
les uns n'auront pas à faire des reproches

aux autres. Voilà comme tout doit s'arranger en cette vie.

Marie a levé la main avec impatience, lui
faisant signe de se taire. Cette voix aigre
donnait un frisson à sa chair émaciée.
Puis, son visage a pris une paix mélancolique, un air d'extase recueillie ; elle m'a
regardé, rêveuse, & m'a dit d'une voix
pénétrante, d'une voix que je ne lui connaissais pas :

— Voulez-vous, Claude ? je vous aimerai bien.

Et elle s'est levée.

Un accès de toux a rejeté sur le lit son
corps secoué horriblement, tout pante-
lant de douleur. Les bras ouverts & tordus,
la tête renversée, elle suffoquait. Sa poitrine à demi découverte, cette pauvre poitrine que la souffrance avait faite si enfan-
tine, si chaste, se soulevait affreusement
comme pleine d'un vent furieux. Puis, la
terrible toux s'est apaisée, l'enfant s'est al-
longée, pâle, les joues violettes, comme

foudroyée d'accablement & d'insensibi-
lité.

J'étais reſté sur le bord de la couche, secoué moi-même par les déchirements de
la mourante. Je n'avais pas osé bouger,
cloué de pitié & d'effroi. Ce que j'avais
devant moi était si profond d'horreur &
de tendresse, si lamentable & si répugnant,
que je ne sais comment exprimer la sainte
peur qui me tenait là, navré, plein de dégoût & de miséricorde. J'étais tenté de
battre Pâquerette, de la chasser; j'aurais
voulu embrasser Marie comme un frère,
lui donner mon sang pour rendre la vie &
la fraîcheur à sa chair moribonde.

Ainsi, j'en étais arrivé à ce point : une
femme perdue de vieillesse & de débauche
m'offrait d'échanger mon cœur contre un
autre cœur, de céder ma maîtresse à un
de mes amis & de lui acheter ainsi la
sienne; elle me faisait voir tout l'avantage
de ce marché, elle riait de l'excellente his-
toire. Et l'amante qu'elle voulait me don-

ner appartenait déjà à la mort. Marie se
mourait, & Marie me tendait les bras.
Pauvre innocente ! sa pureté étrange lui
cachait toute l'horreur de son baiser.
Elle avançait les lèvres comme une vierge,
ne comprenant pas que j'aurais mieux
aimé mourir que de toucher à sa bouche,
moi plein de Laurence. Cette chair pâle,
brûlée par la fièvre, ne portait plus la trace
des embrassements qui l'avaient rougie ;
mais elle était morte déjà, sanctifiée, si
pure que j'aurais cru commettre un sacri-
lége en lui donnant un dernier frisson de
volupté.

Pâquerette a regardé curieusement la
crise de Marie. Cette femme ne croit pas à
la souffrance des autres.

— Elle aura avalé de travers, a-t-elle
dit, sans songer que la malade ne mangeait
plus depuis quinze jours.

J'ai été pris, à ces paroles, d'une colère
aveugle. J'aurais volontiers souffleté cette
face jaune qui ricanait, &, comme la

misérable ouvrait de nouveau les lèvres :

— Taisez-vous! lui ai-je crié d'une voix éclatante & indignée.

La vieille a reculé son fauteuil avec effroi. Elle m'a regardé, peureuse, indécise; puis, voyant que je ne riais point, elle a fait un gefte d'homme ivre, & a balbutié d'un ton traînant :

— Alors, s'il eft défendu de plaisanter, il faut le dire. Moi, j'ai toujours le mot pour rire : tant pis pour ceux qui pleurent. Vous ne voulez pas de Marie, n'en parlons plus.

Et elle a poussé le fauteuil devant la table, où elle s'eft versé un grand verre de vin qu'elle a bu à petits coups.

Je me suis penché sur Marie, qui râlait doucement, endormie par la souffrance. Je l'ai baisée au front, en frère.

Comme je sortais, Pâquerette s'eft tournée vers moi.

— Monsieur Claude, m'a-t-elle crié,

vous n'êtes pas aimable, mais je ne vous
en donnerai pas moins un bon avis. Si
vous aimez Laurence, veillez sur elle.

XXIV

Je suis jaloux, — jaloux de Laurence !
Cette Pâquerette a mis en moi l'effroyable tourment. J'ai descendu, un à un, tous
les degrés du désespoir; aujourd'hui mon
infamie & ma souffrance sont com-
plètes.

Je sais comment se nomme cette chaleur
inconnue qui emplissait ma poitrine &
m'étouffait. Cette chaleur était la jalousie,
un flot brûlant d'angoisse & de terreur. Ce
flot a monté, il a envahi tout mon être.
Maintenant, je n'ai pas un membre qui
ne soit endolori & jaloux, qui ne se plaigne

de l'horrible étreinte dont crie toute ma chair.

Je ne sais comment les autres sont jaloux. Moi, je suis jaloux de tout mon corps, de tout mon cœur. Lorsque le doute eſt entré en moi, il veille, travaille impitoyablement; il me blesse à chaque seconde, me fouille, entre toujours plus avant. La douleur eſt physique; l'eſtomac se serre, les membres s'affaissent, la tête se creuse, il y a faiblesse & fièvre. Et, au-dessus de ces maux des nerfs & des muscles, je sens l'angoisse de mon cœur, profonde, éperdue, qui me presse, me brûle sans relâche. Une seule idée tourne sur elle-même dans le vide immense de ma pensée : je ne suis plus aimé, je suis trompé, & mon cerveau bat comme une cloche sous cet unique son, mes entrailles ont un même frémissement, tordues & déchirées. Rien n'eſt plus douloureux que ces heures de jalousie qui me frappent doublement, dans la matière &

dans l'affection. La souffrance de la chair
& la souffrance du cœur s'unissent en une
sensation d'une accablante pesanteur,
inexorable, m'écrasant toujours. Et moi,
je perds le souffle, m'abandonnant, des-
cendant de plus en plus dans mes soupçons, agrandissant ma blessure, m'éva-
nouissant à la vie, ne vivant que de la
pensée qui me ronge.

Si je souffrais moins, je voudrais savoir
de quoi est faite ma souffrance. J'aurais un
âpre plaisir à interroger mon corps, à ques-
tionner ma tendresse. Je suis curieux de
voir le fond de mes désespoirs. Sans doute,
il y a là les mille méchantes choses de
l'amour, l'égoïsme & l'amour-propre, la
lâcheté & les passions mauvaises; il y a la
révolte des sens, les vanités de l'intelligence. Cette femme qui s'en va, lasse de
mes caresses, & qui me préfère un autre
homme, me blesse dans tout mon être; elle
me dédaigne, elle déclare qu'elle a trouvé
un amour plus doux, plus pur que le mien.

Puis, il y a surtout un sentiment d'immense solitude. On se sent abandonné,
on frissonne d'effroi; on ne peut vivre sans
cette créature qu'on s'était plu à regarder
comme une compagne éternelle; on a froid,
on tremble, on préférerait mourir que de
rester orphelin.

J'exige que Laurence soit à moi. Je n'ai
qu'elle & je la garde en avare. Je saigne,
lorsque je songe que Pâquerette a peut-
être raison, & que demain je serai sans
amour. Je ne veux pas rester tout seul
dans ma misère, au fond de mon abaissement. J'ai peur.

Et pourtant je ne puis fermer les yeux,
vivre dans l'ignorance. Certains garçons,
lorsqu'ils sentent qu'une femme leur est
nécessaire, l'acceptent telle qu'elle est; ils
n'ont garde de risquer leur paix en fouillant sa vie. Moi, je ne me sens pas la force
d'ignorer. Je doute. Mon malheureux esprit me pousse à me désabuser ou à me
convaincre; j'ai besoin de pénétrer Lau-

rence, de mourir, si elle doit m'abandonner.

Le soir, je feins de sortir, je me glisse furtivement chez Marie. Pâquerette sommeille; la mourante me sourit faiblement, sans tourner la tête. Je vais à la fenêtre & je m'y établis. De là, j'espionne, je me penche pour voir dans la cour & dans la chambre de Jacques. Je reviens parfois entrebâiller la porte, j'écoute les bruits de l'escalier. Ce sont des heures cruelles. Mon esprit tendu travaille avec labeur, mes membres tremblent d'anxiété & d'attention prolongée. Lorsque des voix montent de la chambre de Jacques, l'émotion me serre à la gorge. Si j'entends Laurence quitter notre mansarde & qu'elle ne paraisse pas sur le seuil, en bas, une brûlure me traverse la poitrine : j'ai compté les marches, je me dis qu'elle s'est arrêtée au troisième étage. Alors, je me courbe, au risque de tomber; je voudrais entrer par cette fenêtre qui s'ouvre à cinq mè-

tres au-dessous de moi. Je crois entendre des sons de baisers, je saisis mon nom
prononcé avec des rires ironiques. Puis,
lorsque Laurence se montre enfin sur le
seuil, dans la cour, la brûlure me traverse
de nouveau. Je reste haletant, brisé. Elle
me surprend, je ne l'attendais pas. Je
commence à douter, je ne sais plus si j'ai
bien compté les marches qu'elle avait à
descendre.

Longtemps je joue ce jeu cruel avec moi-
même. J'invente des embûches, &, le sang
me montant aux yeux, je ne me rappelle
plus ce que j'ai vu. La certitude me fuit, les
soupçons naissent & meurent plus dévo-
rants chaque jour. J'ai une science infer-
nale pour épier & raisonner les causes de ma
souffrance; mon esprit s'empare âprement
des faits les plus minces, il les assemble,
les lie, en tire des déductions merveilleuses.
Je fais cette petite besogne avec une éton-
nante lucidité; je compare, je discute,
j'accueille, je rejette, en véritable juge

d'inſtruction. Mais, dès que je crois tenir
une certitude, mon cœur éclate, ma chair
tressaille, je ne suis plus qu'un enfant qui
pleure, en sentant la réalité lui échapper.

J'aimerais à pénétrer la vie de mes compagnons, à fouiller les myſtères; j'ai la curiosité de tout ce que je ne sais pas, je
me plais étrangement à ces délicates opéra-
tions de l'intelligence, en quête d'une solu-
tion inconnue. Il y a une volupté exquise
à peser chaque mot, chaque souffle; on n'a
que quelques vagues données, & on arrive,
par une marche lente & sûre, mathéma-
tique, à la connaissance de la vérité entière. Je puis mettre ma sagacité au service de mes frères. Lorsqu'il s'agit de moi,
je suis agité d'une telle passion que je ne
sais ni voir ni entendre.

Hier, je suis reſté deux heures dans la
chambre de Marie. La nuit était noire,
humide. En face, sur la muraille nue, la
fenêtre de Jacques jetait un grand carré de
lumière jaune. Des ombres allaient & ve-

naient dans ce carré, bizarres, agrandies.

J'avais entendu Laurence fermer notre porte, & elle n'était pas descendue dans la cour. Je reconnaissais l'ombre de Jacques, sur le mur, longue & roide, s'agitant avec des mouvements secs & précis. Il y avait une autre ombre, plus courte, plus lente, plus indécise dans ses geftes; je croyais reconnaître cette ombre, qui me paraissait avoir une tête forte, grossie par un chignon de femme.

Par inftants, le carré de lumière jaune s'étendait, pâle & blafard, vide & calme. Et moi, penché, haletant, je regardais avec une attention douloureuse, souffrant de ce vide & de ce calme de la lumière, souhaitant avec angoisse qu'une masse noire apparût, me livrant son secret. Puis, brusquement, le carré se peuplait : une ombre passait, deux ombres se mêlaient, démesurées, d'une telle étrangeté que je ne pouvais saisir les formes ni expliquer les mouvements. Mon esprit cherchait avec désespoir le sens de ces taches sombres qui s'allongeaient, s'élargissaient, laissant deviner parfois une tête ou un bras. La tête & le bras se déformaient aussitôt, se fondaient. Je n'apercevais plus qu'une sorte de flot d'encre oscillant, se répandant de tous côtés, barbouillant la muraille. Je voulais comprendre, & j'arrivais à diftinguer des silhouettes monftrueuses d'animaux, des profils étranges. Je me perdais dans le cauchemar de cette vision, je suivais avec terreur ces masses qui dansaient sans bruit, je frémissais à la pensée de ce que j'allais découvrir, je pleurais de rage en voyant que tout cela n'avait aucun sens & que je ne saurais rien. Et, tout à coup, le flot d'encre, dans un dernier saut, dans une dernière grimace, coulait le long du mur, le long des ténèbres. Le carré de lumière jaune reftait de nouveau désert, morne. Les ombres avaient passé, sans me rien révéler. Je me penchais, plus désespéré, attendant le terrible speftacle, me disant

que ma vie dépendait de ces taches noires
qui gambadaient sur la muraille jaunie.

Une sorte de fureur a fini par me prendre devant ce drame ironique qui se jouait
en face de moi. Ces personnages étranges,
ces scènes rapides & incompréhensible i
me raillaient; j'aurais voulu pouvoir faire
cesser cette farce lugubre. Je me sentais
brisé d'émotion, dévoré de doute.

Je suis doucement sorti de la chambre
de Marie, j'ai ôté mes souliers que j'ai posés
sur le palier; puis, oppressé, anxieux, je
me suis mis à descendre l'escalier, m'arrêtant à chaque marche, écoutant le silence,
épouvanté des légers bruits qui montaient.
Arrivé devant la porte de Jacques, après
cinq longues minutes de peur & d'hésitation, je me suis courbé lentement, péniblement, & j'ai entendu craquer les os de
mon cou, J'ai appliqué mon œil droit au
trou de la serrure : je n'ai vu que les ténèbres. Alors, j'ai collé mon oreille contre le
bois de la porte : le silence bourdonnait,

& il y avait dans ma tête un grand murmure qui m'empêchait d'entendre. Des flammes passaient devant mes regards, un grondement sourd & grandissant emplissait le corridor. Le bois de la porte brûlait mon oreille; il me semblait tout vibrant. Derrière cette porte, je pensais saisir par inftants des soupirs étouffés; puis la mort me paraissait avoir passé dans cette chambre silencieuse. Et je ne savais plus. Je ne pouvais rien arracher de précis à ce silence tumultueux, à cette nuit pleine d'éclairs. J'ignore combien de temps je suis refté courbé contre la porte; je me souviens seulement que le froid du carreau me glaçait les pieds, & qu'un grand tremblement secouait mon corps couvert de sueur. L'angoisse & l'épouvante me tenaient cloué, ramassé sur moi-même, n'osant bouger, tordu par la jalousie, aussi frissonnant que si je venais de commettre un crime.

Je suis remonté en chancelant, me heur-

tant aux murs. J'ai ouvert de nouveau la
fenêtre de Marie, ayant encore besoin de
souffrance, ne pouvant me souftraire à
la cuisante volupté de mes déchirements.
La muraille, en face, était noire; la toile
venait de tomber sur le drame, la nuit
régnait. En sortant, j'ai contemplé Marie qui dormait, les mains jointes. Je
crois que je me suis agenouillé devant la
couche, adressant à je ne sais quelle divinité une prière dont les paroles me montaient aux lèvres.

Je me suis couché, grelottant, & j'ai
fermé les yeux. Je voyais, au travers de mes
paupières, la lueur de la chandelle, posée
sur une petite table en face de moi, & j'avais
ainsi un large horizon rose que je peuplais
de figures lamentables. J'ai la trifte puissance du rêve, la faculté de créer de toutes
pièces des personnages qui vivent presque
de la vie réelle; je les vois, je les touche,
ils jouent comme des acteurs vivants les
scènes qui se passent dans ma pensée. Je

souffre & je jouis d'autant plus puissamment que mes idées se matérialisent & que
je les perçois, les yeux fermés, par tous mes
sens, par toute ma chair.

Dans la lueur rose, je voyais Laurence
demi-nue entre les bras de Jacques. Je
voyais la chambre qui m'avait paru noire,
silencieuse, & maintenant elle était pleine
de rires, de clartés. Les deux amants,
dans un flot de lumière éclatante, se ser-
raient étroitement; ils étaient là, sous
mes yeux, prenant toutes les attitudes
que rêvait mon esprit éperdu. Ce n'é-
taient plus de simples pensées, une jalousie de cœur, c'étaient des tableaux
horribles, vivants, d'une netteté effrayante.
Mon corps se révoltait & criait; je sentais
que le drame se passait en moi, que je
pouvais voiler ces images; je les décou-
vrais, je les étalais, je les évoquais plus
nues, plus vigoureuses, je m'enfonçais
à plaisir dans ces spectacles que je me
donnais largement pour souffrir davan-

tage. Mes doutes se faisaient chair, je savais & je voyais enfin, je trouvais dans
mon imagination des certitudes pleines
de douloureuses délices.

Laurence eſt entrée & a refermé la porte
brutalement. Elle apportait du dehors un
parfum indéfinissable de tabac & de liqueur. Je n'ai pas ouvert les paupières,
écoutant ses pas & le froissement des
étoffes, tandis qu'elle se déshabillait. Je
regardais la lueur rose; &, au delà, il
me semblait voir cette femme, lorsqu'elle
passait devant moi, rire de pitié, se
moquer du geſte, croyant que je dor-
mais.

Elle s'eſt couchée, poussant un soupir
léger, & a pris ses aises pour s'endormir.
Alors toute la douleur de la soirée m'a
monté à la gorge; une rage indicible m'a
pris, à la sensation de cette chair froide qui
touchait la mienne. J'ai pensé que Laurence me revenait lasse de volupté, molle
& humide de trahison & de débauche.

Je me suis dressé sur mon séant, serrant
les poings.

— D'où viens-tu? ai-je demandé à Laurence d'une voix sourde & tremblante.

Elle a ouvert lentement les yeux qu'elle
avait déjà fermés, & elle m'a regardé un
inſtant, étonnée, sans répondre. Puis, avec
un mouvement d'épaules :

— Je viens, m'a-t-elle répondu, de chez
la fruitière du haut de la rue, qui m'avait
invitée à prendre le café.

Je voyais sa face de bas en haut: les paupières lasses retombaient d'elles-mêmes,
les traits exprimaient la satiété & l'as-
souvissement. J'ai senti le sang m'aveugler
à la voir si pleine des baisers d'un autre.
Son cou, large & gonflé, se tendait à moi,
me sollicitant au crime; il était gros &
court, impudent & lubrique; il blanchissait insolemment, se moquant & me dé-
fiant. Tout ce qui m'entourait a disparu,
je n'ai plus aperçu que ce cou.

— Tu mens! ai-je crié.

Et j'ai pris le cou entre mes doigts cris-
pés, voyant rouge. J'ai secoué violemment
Laurence, serrant de toutes mes forces.
Elle se laissait aller, obéissant aux secousses, sans une plainte, molle & abrutie.
Je ne sais quel plaisir j'avais à sentir ce
corps tiède & souple se plier, se fondre
au gré de ma rage. Puis, un frisson glacial
m'a pénétré d'épouvante, j'ai cru voir du
sang ruisseler le long de mes doigts, je
me suis rejeté sur l'oreiller, sanglotant,
ivre de douleur.

Laurence a porté la main à son cou.
Elle a respiré fortement, à trois reprises,
& elle s'eft recouchée, me tournant le dos,
sans une parole, sans une larme.

Je l'avais échevelée. Sur sa nuque, j'a-
percevais une trace bleuâtre rendue plus
sombre par l'ombre des cheveux qui ca-
chaient à demi les épaules. Mes pleurs
m'aveuglaient, mon cœur était plein
d'une compassion immense & douloureuse. Je pleurais sur moi qui venais de

maltraiter une femme, je pleurais sur Laurence dont j'avais entendu crier les os sous mes doigts. Tout mon être s'anéantissait dans un remords poignant, mon âme navrée cherchait avec désespoir à réparer ce qui ne pouvait être oublié. Je reculais, plein de dégoût & de frayeur, devant la bête fauve que j'avais sentie s'éveiller & mourir en moi; je souffrais de terreur, de honte, de pitié.

Je me suis approché de Laurence, je l'ai prise dans mes bras, lui parlant bas, à l'oreille, d'une voix caressante & désolée. Je ne sais ce que je lui ai dit. Mon cœur était plein, je l'ai vidé. Mes paroles ont été une longue prière, ardente & humble, douce & violente, pleine d'orgueil & de bassesse. Je me suis livré entier, dans le passé, dans le présent, dans l'avenir; j'ai fait l'hiſtoire de mon cœur, j'ai fouillé jusqu'au plus profond de mon être pour ne rien cacher. J'avais besoin de pardon, j'avais aussi besoin de pardonner. J'ai ac-

cusé Laurence, je lui ai demandé de la
loyauté & de la franchise, je lui ai dit combien elle m'avait fait pleurer. Je ne lui
adressais pas des reproches pour me mieux
excuser; mes lèvres s'ouvraient malgré
moi, tout le présent m'emplissait, mes
pensées de chaque jour s'unissaient en une
seule plainte tendre & résignée, dégagée
de toute colère, de toute rancune. Mes
reproches, mes confidences ont été mêlés
d'effusions d'amour, de tendresses soudaines; j'ai parlé ce langage de la passion,
puéril & ineffable, montant en plein ciel,
me traînant à terre; je me suis servi de cette
poésie adorable & ridicule des enfants &
des amants; j'ai été fou, passionné, ivre.
Et j'allais ainsi, comme dans un rêve, in-
terrogeant, répondant, parlant d'une voix
profonde & régulière, pressant Laurence
contre ma poitrine. Pendant une grande
heure, j'ai entendu les paroles qui, d'elles-
mêmes, sortaient de ma bouche, douces,
navrées; je me soulageais à écouter cette

musique pénétrante, il me semblait que
mon pauvre cœur endolori se berçait &
s'endormait.

Laurence, les yeux ouverts, regardait le
mur, impassible. Ma voix ne semblait pas
arriver jusqu'à elle. Elle était là aussi
muette, aussi morte que si elle s'était
trouvée dans une grande nuit, dans un
grand silence. Son front dur, sa bouche
froide & crispée annonçaient la résolution
implacable de ne pas écouter, de ne pas
répondre.

Alors, j'ai éprouvé un âpre désir d'obte-
nir une parole de cette femme. J'aurais
donné mon sang pour entendre la voix de
Laurence ; tout mon être se portait vers
elle, la conjurait, la priait à mains jointes
de parler, de prononcer un seul mot. Je
pleurais de son silence, une sorte de vague
malaise grandissait en moi à mesure qu'elle
devenait plus morne & plus impénétrable.
Je me sentais glisser à la folie, à l'idée fixe ;
j'avais l'impérieux besoin d'une réponse,

je faisais des efforts surhumains de prières
& de menaces pour contenter ce besoin qui
me dévorait. J'ai multiplié mes ques-
tions, appuyé sur mes demandes, changé
la forme de mes interrogations, les rendant
plus pressantes ; je me suis servi de toute
ma douceur, de toute ma violence, im-
plorant, ordonnant, parlant d'un ton
caressant & soumis, puis me laissant em-
porter par la colère, & me faisant ensuite
plus humble, plus insinuant encore.
Laurence, sans un frisson, sans un regard,
paraissait ignorer ma présence. Toute ma
volonté, tout mon désir furieux se bri-
saient contre l'impitoyable surdité de cet
être qui se refusait à moi.

Cette femme m'échappait. Je devinais
une barrière infranchissable entre elle &
moi. Je tenais son corps étroitement serré,
je sentais ce corps s'abandonner avec dédain à mon embrassement. Mais je ne
pouvais ouvrir cette âme, entrer dedans;
le cœur & la pensée se dérobaient; je

ne pressais qu'un lambeau sans vie, si
las, si usé qu'il ne disait rien à mes bras.
Et j'aimais, & je voulais posséder. Je
retenais avec désespoir la seule créature
qui me reſtât, j'exigeais qu'elle m'appar-
tînt, j'avais des fureurs d'avare, lorsque
je croyais qu'on allait me la prendre &
qu'elle mettait quelque complaisance à
se laisser voler. Je me révoltais, j'appe-
lais toutes mes forces pour défendre mon
bien. Et voilà que je ne pressais qu'un
cadavre sur ma poitrine, qu'une chose inconnue qui m'était étrangère, dont je ne
pouvais pénétrer le sens. Oh! frères, vous
ignorez cette souffrance, ces élans d'amour
qui se heurtent à un corps inanimé, cette
résiſtance froide d'une chair dans laquelle
on voudrait se fondre, ce silence en réponse à tant de sanglots, cette mort volontaire qui pourrait aimer, qu'on supplie de
toute sa puissance, & qui n'aime pas.

Lorsque la voix m'a manqué, lorsque
j'ai désespéré d'animer jamais Laurence,

j'ai posé la tête sur son sein, l'oreille contre son cœur. Là, appuyé à cette femme, les yeux ouverts, regardant la mèche de la chandelle qui charbonnait, j'ai passé ma nuit à songer. J'entendais le râle de Marie, coupé de hoquets, qui me venait au travers de la cloison, berçant mes pensées.

J'ai songé. J'écoutais les battements réguliers du cœur de Laurence. Je savais que ce n'était là qu'un flot de sang, je me disais que je suivais dans leur cadence les bruits d'une machine bien réglée, & que la voix qui parvenait jusqu'à moi n'était que celle d'un mouvement d'horloge inconscient, obéissant à un simple ressort. Et pourtant je m'inquiétais, j'aurais voulu démonter la machine, aller la chercher pour en étudier les plus minces pièces ; je songeais sérieusement, dans ma folie, à ouvrir ce sein, à prendre ce cœur & à voir pourquoi il battait d'une façon si douce & si profonde.

Marie râlait, le cœur de Laurence battait presque dans ma tête. A ce double bruit, qui parfois se confondait en un seul, j'ai songé à la vie.

Je ne sais pourquoi un désir insatiable de virginité me poursuit dans mon abaissement. Toujours j'ai en moi la pensée d'une pureté immaculée, haute, inaccessible, & cette pensée s'éveille plus cuisante au fond de chacun de mes désespoirs.

Tandis que j'appuyais ma tête sur le sein flétri de Laurence, je me suis dit que la femme était née pour un seul amour.

Là est la vérité, l'unique mariage possible. Mon âme est si exigeante qu'elle veut toute la créature qu'elle aime, dans son enfance, dans son sommeil, dans sa vie entière. Elle va jusqu'à accuser les rêves, jusqu'à déclarer que l'amante est souillée si elle a reçu en songe les embrassements d'une vision.

Toutes les jeunes filles, les plus pures, les plus candides, nous arrivent ainsi

déflorées par le démon de leurs nuits:
ce démon les a pressées dans ses bras, a
fait frémir leur chair innocente, leur a
donné, avant l'époux, les premières caresses. Elles ne sont plus vierges, elles
n'ont plus la sainte ignorance.

Moi, je voudrais que l'épouse me vînt
au sortir des mains de Dieu; je la voudrais blanche, épurée, morte encore, &
je l'éveillerais. Elle vivrait de moi, ne
connaîtrait que moi, n'aurait de souvenirs
que ceux qui lui viendraient de moi. Elle
réaliserait ce rêve divin d'un mariage de
l'âme & du corps, éternel, tirant tout de
lui-même. Mais lorsque les lèvres de la
femme connaissent d'autres lèvres, lorsque les seins ont frémi sous d'autres étreintes, l'amour ne peut être qu'une angoisse
de chaque jour, une jalousie de chaque
heure. Cette femme ne m'appartient pas,
elle appartient à ses souvenirs; elle se tord
dans mes bras, songeant peut-être à d'anciennes tendresses; elle m'échappe sans

cesse, elle a toute une vie qui n'a pas été la mienne, elle n'eſt pas moi. J'aime & je me déchire; je sanglote devant cette créature que je ne possède pas, que je ne peux plus posséder en entier.

La chandelle fumait, la chambre s'emplissait d'un air épais, jaunâtre. J'entendais le râle de Marie, plus saccadé. J'écoutais le cœur de Laurence & je ne savais en comprendre le langage. Ce cœur parlait sans doute une langue inconnue; je retenais mon souffle, je tendais mon intelligence; le sens m'échappait toujours. Peut-être me racontait-il le passé de la misérable, son hiſtoire de honte & de misère. Il battait, lent, ironique, laissant tomber les syllabes avec effort; il ne se hâtait pas de finir, il paraissait se complaire dans le récit de l'horrible aventure. Je devinais par inſtants ce qu'il pouvait dire. J'ignorais le passé, j'avais refusé de le connaître, tâché de l'oublier; mais, de lui-même, il s'évoquait, il apparaissait à ma pensée tel qu'il avait dû être. Je savais quelles infamies il me fallait imaginer; même dans l'ignorance où je m'étais enfermé, je dépassais sans doute le réel, je tombais dans le cauchemar, exagérant le mal. A cette heure, j'aurais voulu tout savoir, dans la vérité des faits. Je prêtais l'oreille à ce cœur cynique & lourd qui me contait à voix basse la longue hiftoire, en une langue inconnue, & je ne pouvais suivre le discours, ne sachant que penser des quelques mots que je croyais saisir au passage.

Puis, soudain, le cœur de Laurence a changé de langue. Il a parlé de l'avenir, & je l'ai compris. Il battait nettement, causant plus vite, avec plus d'âpreté, plus d'ironie. Il disait qu'il allait au ruisseau & qu'il avait hâte d'y arriver. Laurence me quitterait le lendemain, elle reprendrait sa vie de hasards; elle appartiendrait à la foule, elle descendrait les quelques degrés qui la séparaient encore

du fond de l'égout. Alors, elle serait brute,
elle ne sentirait plus rien, & se déclarerait
heureuse. Elle mourrait une nuit, sur le
trottoir, soûle & éreintée. Le cœur me disait que le corps irait à l'amphithéâtre, &
que là on le couperait en quatre pour savoir ce qu'il contenait d'amer & de nauséabond. Moi, à ces paroles du maudit, je
voyais Laurence bleuie, traînée dans la
boue, marbrée de caresses infâmes, étendue toute raide sur la pierre blanche. On
fouillait avec des couteaux minces les entrailles de celle que j'aimais à en mourir
& que je pressais désespérément entre mes
bras.

La vision grandissait, la chambre se
peuplait de fantômes. Un monde de débauche passait en longue procession désolée. La vie, avec ce qu'elle a d'horrible &
de souillé, se déroulait à mes yeux, en tableaux effrayants. Toute la saleté humaine
se dressait devant moi, drapée de soie,
couverte de haillons, jeune & belle, vieille

& décharnée. Le défilé de ces hommes &
de ces femmes, allant à la pourriture, a
duré longtemps & m'a épouvanté.

Le cœur battait, battait. Il disait maintenant avec colère : « Ta maîtresse vient
de la nuit & va à la fange. Tu m'aimes, moi
je ne t'aimerai jamais, parce que je suis un
cœur manqué qui ne saurait servir à rien.
Tu es infâme vainement ; tu veux descendre à la boue, la boue ne peut monter à toi. Tu interroges le silence, tu t'é-
claires avec la nuit ; tu secoues un cadavre
inconnu que tu ferais mieux de porter tout
de suite sur la dalle de l'amphithéâtre. »

Je ne sais plus. Le cœur a cessé de battre, la mêche de la chandelle s'eft éteinte
dans un flot de suif. Je suis refté sur le
sein de Laurence, me croyant au fond d'un
grand trou noir, humide & désert.

Marie râlait.

XXV

Ce matin, en m'éveillant, j'ai eu un élan de douloureux espoir.

La fenêtre était restée ouverte, & je me trouvais glacé.

Je me suis pressé le front entre les mains, je me suis dit que toute cette fange ne pouvait être, que je rêvais à plaisir l'infamie. Je sortais d'un songe horrible ; tout secoué encore par la vision, j'ai souri en pensant que ce n'était qu'un songe & que j'allais reprendre ma vie calme au soleil. Je me refusais au souvenir, je me révoltais, je niais. J'avais l'indignation de l'honneur.

Non, il était impossible que je souffrisse à ce point, que la vie fût si mauvaise, si honteuse ; il était impossible qu'il exiſtât

14

de pareilles hontes & de pareilles douleurs.

Je me suis levé doucement, je suis allé
à la fenêtre aspirer de toutes mes forces
l'air du matin. J'ai vu Jacques au-dessous
de moi, qui sifflait tranquillement en regardant dans la cour. Alors, il m'eſt venu
la pensée de descendre, de l'interroger;
c'était un esprit froid & juſte qui calme-
rait ma fièvre, un honnête homme qui ré-
pondrait avec franchise à mes queſtions,
qui me dirait s'il aimait Laurence & quels
étaient ses rapports avec elle. Là serait
peut-être la guérison. Je n'aurais plus cette
terrible chaleur qui me dévorait la poitrine, je me reposerais en Laurence, j'a-
dopterais une sage ligne de conduite qui
nous tirerait, elle & moi, de cet amour
désespéré & sanglant où nous étions plon-
gés.

Vous le voyez, frères, près du terrible
dénoûment, j'en étais encore à l'espérance. Oh! mon pauvre cœur, grand en-

fant que chaque plaie rend plus jeune &
plus chaud! En passant devant Laurence,
pour aller chez Jacques, j'ai regardé un
inftant cette fille endormie, &, après tant
de larmes, j'ai de nouveau espéré la rédemption.

J'ai trouvé Jacques au travail. Il m'a
tendu la main loyalement, avec un sourire
clair & franc. Je l'ai regardé au visage, en
face; je n'ai pas vu dans ses traits pai-
sibles la trahison que j'y cherchais. Si ce
garçon me trompe, il ne sait pas qu'il fait
saigner mon cœur.

— Eh quoi! m'a-t-il dit en riant, n'es-
tu plus paresseux? C'eft bon pour moi,
homme sérieux, de me lever à six heures.

— Écoute, Jacques, ai-je répondu, je
suis malade, je viens me guérir. J'ai perdu
conscience de ce qui m'entoure, je m'i-
gnore moi-même. Ce matin, au réveil, j'ai
compris que le sens de la vie m'échappait,
je me suis senti perdu dans le vertige &
l'aveuglement. C'eft pourquoi je suis des-

cendu te serrer la main & te demander aide & conseil.

Je suivais sur la face de Jacques l'effet de mes paroles. Il eſt devenu grave & a baissé les yeux. Il n'avait pas l'attitude d'un coupable, il avait presque celle d'un juge.

J'ai ajouté d'une voix vibrante :

— Tu vis à mon côté, tu sais quelle eſt ma vie. J'ai eu ce malheur, au début, de rencontrer une femme qui a pesé sur moi & qui m'a écrasé. J'ai gardé longtemps cette femme par pitié & par juſtice. Aujourd'hui, j'aime Laurence, je la garde par rage d'amour. Je ne viens pas te demander d'employer ta sagesse à me séparer d'elle; je veux, s'il eſt possible, que tu me donnes de derniers espoirs, en apaisant ma fièvre, en me faisant voir que tout n'eſt pas honte en moi. Je te l'ai dit, je ne me connais plus moi-même. Rends-moi le service de fouiller mon être, de l'étaler saignant devant mes yeux. Si je

n'ai plus rien de bon, si je suis souillé de
cœur & de chair, je suis bien décidé à
m'enfoncer, à me noyer dans la boue.
Si, au contraire, tu parviens à me donner une espérance de rachat, je ferai de
nouveaux efforts pour revenir à la lumière.

Jacques m'écoutait, hochant la tête tris-
tement. J'ai continué après un silence :

— Je ne sais si tu m'entends bien.
J'aime Laurence avec emportement,
j'exige qu'elle me suive dans la lumière ou
dans la boue. Je mourrais de peur, si elle
me laissait seul au fond de la honte;
mon cœur éclatera lorsque j'apprendrai
qu'elle a, dans son écrasement, trouvé
d'autres baisers que les miens. Elle eſt à
moi de toute sa misère, de toute sa laideur. Personne ne voudrait de cette pauvre créature. Cette pensée me la rend
plus chère, plus précieuse; elle eſt indigne
de tous, moi seul l'accepte; si je savais
qu'un autre eût mon triſte courage, ma

rage jalouse serait d'autant plus grande
qu'il faudrait plus d'amour, plus de dévouement à celui qui me volerait Laurence. Ne raisonne donc pas avec moi,
Jacques; je n'ai que faire de tes idées sur
la vie, de tes volontés & de tes devoirs. Je
suis trop haut ou trop bas pour te suivre
dans ta voie. Toi qui as l'esprit sain, tâche seulement de m'assurer que Laurence
m'aime, que j'aime Laurence, que je dois
l'aimer.

Je m'étais animé en parlant, je frémissais, j'entendais la folie monter. Jacques,
de plus en plus grave, de plus en plus
trifte, me regardait, &, à voix basse :

— L'enfant! disait-il, le pauvre enfant!

Puis, il m'a pris les mains & les a te-
nues dans les siennes, se recueillant, gardant le silence. Ma chair brûlait, la sienne
était fraîche; je sentais mon visage se con-
tracter, & je me cherchais vainement dans
le sien qui reftait grave & fort.

— Claude, m'a-t-il dit enfin, tu rêves,

mon ami, tu es hors de la vie, dans le cauchemar & le mensonge. Tu as la fièvre, le
délire; ton cœur & ton corps sont malades.
Dans ta souffrance, tu ne vois plus les
choses de cette terre telles qu'elles sont.
Tu donnes des dimensions monftrueuses
aux graviers, tu rapetisses les montagnes;
ton horizon eft l'horizon du vertige, peuplé de visions terrifiantes qui ne sont
qu'ombres & reflets. Je te jure que tes sens
& ton âme se trompent, que tu perçois,
que tu aimes ce qui n'exifte pas. Va, je
comprends ta maladie, même j'en connais
les causes. Tu étais né pour un monde de
pureté, d'honneur; tu venais à nous, sans
défense, sans règle, le cœur ouvert, l'esprit libre; tu avais l'immense orgueil de
croire à la puissance de tes tendresses, à
la juftice, à la vérité de ta raison. Ailleurs, dans un milieu digne, tu aurais
grandi en dignité. Parmi nous, tes vertus
ont hâté ta chute. Tu as aimé, lorsqu'il
fallait haïr; tu as été doux, lorsqu'il fal-

lait être cruel ; tu as écouté ta conscience
& ton cœur, lorsqu'il ne fallait écouter
que ton plaisir & ton intérêt. Et voilà
pourquoi tu es infâme. L'hiftoire eft navrante ; tu dois te trouver bien puni dans
tes fiertés qui te poussaient à vivre en dehors des jugements de la foule. Aujour-
d'hui la plaie eft saignante, avivée, irritée
par tes propres mains qui la déchirent.
Tu as porté dans ta chute la fougue de ton
caraɕère, tu as voulu être perdu tout entier, dès que tu as senti le bout de ton
pied entrer dans le mal. Maintenant, tu
te vautres avec une sainte horreur, avec
un emportement de joie amère, sur le lit
ignoble où tu t'es couché. Je te connais,
Claude : tu as la défaite mauvaise, tu ne
veux pas être vaincu à demi. Me permets-
tu, à moi, l'homme pratique, l'homme
sans cœur, d'essayer de te guérir en portant le fer rouge sur la plaie ?

J'ai fait un gefte d'impatience, ouvrant
les lèvres.

— Je sais ce que tu vas me dire, a repris Jacques avec plus de vivacité. Tu vas
me dire que tu ne veux pas guérir, & que
mon fer rouge ne fera pas même crier ta
chair déjà trop meurtrie. Je sais encore ce
que tu penses, car je vois ta colère & ton
dédain. Tu penses que nous valons moins
que toi, nous qui n'aimons, qui ne pleurons pas; tu penses que nous avons fait ce
monde, cette femme dont tu souffres, que
nous sommes des lâches, des cruels, &
que notre façon d'être jeune eſt plus honteuse que ton amour & ton abaissement.
Tu viens me crier, à moi qui vis tranquille
dans la même boue que toi, que tu te
meurs de honte, que je manque d'âme,
si je ne meurs pas avec toi. Tu as peut-
être raison : je devrais sangloter, me
tordre les bras. Seulement je ne me sens
pas des besoins de pleurer; je n'ai pas tes
nerfs de femme, ton âpreté ni ta délicatesse de sensation. Je comprends que tu
souffres par moi, par les autres, par tous

ceux qui aiment sans amour, & j'ai pitié
de toi, pauvre grand enfant, qui me pa-
rais tant souffrir d'une souffrance que j'i-
gnore. Si je ne puis monter à toi, m'expo-
ser à tes hontes et à tes douleurs par trop
d'âme & trop de juſtice, je veux au moins,
pour te guérir, te donner notre lâcheté &
notre cruauté, t'arracher ton cœur, te
laisser la poitrine vide. Alors, tu marcheras
droit dans le chemin de jeunesse.

Il avait élevé la voix, il me serrait les
mains, fortement, presque avec colère. Ce
devait être là toute la passion de Jacques :
une passion blanche, faite de raisonnement & de devoir. Moi, pâle devant lui,
la tête à demi détournée, je souriais de
mépris & d'angoisse.

— Ta Laurence, a-t-il continué avec
énergie, ta Laurence eſt une catin ! Elle eſt
laide, elle eſt vieille, elle eſt infâme. Tu vas
monter chez toi & me la jeter à la rue;
elle eſt mûre pour le ruisseau. Voici plus
d'un an que cette fille te ronge & te souille;

il eſt temps que tu ôtes la vermine de ton
corps, que tu te blanchiſſes, que tu te laves
les mains. Je comprends les surprises de
la chair; j'aimerai Laurence une nuit, si
elle veut & si je viens à avoir quelque passion mauvaiſe; le lendemain, je rendrai
au trottoir ce qui appartient au trottoir,
& je brûlerai du sucre dans ma chambre.
Monte, jette-la par la fenêtre, si elle ne
sort pas assez vite par la porte. Sois cruel,
sois lâche, sois injuſte, commets un crime.
Mais, pour l'amour de Dieu ! ne garde pas
une Laurence chez toi. Ces femmes-là sont
un pavé sur lequel on marche; elles ap-
partiennent aux passants comme les dalles
de la rue. Tu prives la foule, en gardant
pour toi seul une propriété publique. La
juſtice ici eſt de ne voler personne. Ne te
sers pas en avare du bien de tous. Vois-tu,
je cherche quelque insulte pour t'exaspérer;
je voudrais te rendre digne de ton âge, en
t'apprenant à injurier la femme, à t'en
servir pratiquement. Depuis un an, qu'as-

tu fait, si ce n'eſt pleurer; te voilà mort au
travail, tu vis déclassé, en dehors de tout
avenir. Laurence eſt le mauvais ange qui
a tué ton intelligence & tes espoirs. Il faut
tuer Laurence. Attends, j'ai une dernière
infamie à te jeter à la face. Tu n'as pas le
droit de vivre pauvre, en vivant avec cette
femme; si tu travaillais, si tu luttais seul,
tu pourrais mourir de faim, & tu en mourrais plus grand. Les quelques amis que tu
avais se sont éloignés; tu les as vus s'écarter avec froideur, un à un. Tu ne sais
pas ce qu'ils disent? Ils disent qu'ils
ne s'expliquent pas tes moyens d'exiſtence,
qu'ils ne comprennent pas que tu gardes
une maîtresse dans ta misère; les riches,
lorsqu'ils font l'aumône, disent cela des
pauvres qui ont un chien. Ils disent, ces
amis, qu'il y a calcul & que tu manges le
pain que Laurence gagne ailleurs.

Je me suis dressé d'un mouvement
brusque, les bras étroitement serrés contre
la poitrine. L'insulte m'avait atteint en

plein visage, j'en sentais le froid qui me
couvrait la face; j'étais roidi & glacé; je ne
savais plus si je souffrais. Je ne croyais pas
en être arrivé déjà à ce degré d'abaissement
dans les opinions de la foule; j'avais désiré
une honte volontaire, mais je n'avais pas
voulu l'injure. J'ai reculé pas à pas vers la
porte, regardant Jacques qui s'était levé,
lui aussi, & qui me contemplait avec une
violence superbe. Quand j'ai été sur le
seuil :

—Écoutez, m'a-t-il dit, vous vous en allez
sans me serrer la main, je vois que vous
ne me pardonnerez pas la blessure que je
viens de vous faire. Pendant que je suis
lâche & cruel, j'ai une dernière infamie à
vous proposer. Je ne vous aurai pas tor-
turé, je n'aurai pas soulevé votre dégoût
sans vous guérir. Envoyez-moi Laurence.
Je me sens le courage de la garder une
nuit; demain, vos tendresses seront mortes, vous chasserez cette femme qui ne
sera plus à vous. S'il vous faut d'autres

15

amours pour hâter la consolation, montez
vous agenouiller devant le lit de Marie, &
aimez-la. Elle ne vous sera pas longtemps
à charge.

Il parlait avec une colère froide, une
conviction haute & dédaigneuse; il semblait fouler au pied tout amour, marcher
sur ces femmes dont il se servait par caprice & par mode; il regardait droit devant lui, comme voyant son âge mûr le
féliciter des hontes raisonnées de sa jeunesse.

Ainsi, Jacques, l'homme pratique, se
rencontrait avec Pâquerette; tous deux
me conseillaient un échange ignoblè, un
remède plus écœurant, plus amer que le
mal. J'ai fermé la porte violemment, & je
suis remonté, presque calme, ftupide de
douleur.

Il y a dans le désespoir un inftant où
l'intelligence échappe, où les événements
qui se succèdent se mêlent & n'ont plus
aucun sens. Lorsque je me suis retrouvé

devant Laurence endormie, j'ai oublié que
je venais de voir Jacques, je n'ai plus eu
conscience de ses conseils ni de ses insul-
tes; le cœur & la raison de cet homme me
semblaient des abîmes obscurs dans lesquels je ne pouvais descendre. J'étais seul,
face à face avec mon amour, comme hier,
comme toujours; je n'avais plus qu'une
pensée, celle d'éveiller Laurence, de l'é-
treindre, de la forcer à la vie & aux baisers.

Je l'ai éveillée, je l'ai prise avec emportement dans mes bras, je l'ai serrée à la
faire crier. J'avais une rage muette, une
volonté implacable. J'étais las d'être en
dehors de Laurence, d'ignorer ce qui se
passait en elle; je trouvais plus simple
d'être elle-même. Je me disais que là je
n'aurai plus de soupçons, que je la force-
rais bien à m'aimer, en échauffant son
cœur sous mes caresses.

Laurence ne m'avait pas parlé depuis
deux jours. La douleur a desserré ses lèvres.

Elle s'eft débattue & m'a crié d'une voix mauvaise :

— Laisse-moi, Claude, tu me fais mal! La singulière idée d'éveiller les gens en les étouffant!

Je me suis agenouillé sur le carreau, au bord de la couche, & j'ai tendu les mains vers mon bourreau.

— Laurence, ai-je murmuré d'une voix douce, parle-moi, aime-moi. Pourquoi es-tu si cruelle, que t'ai-je donc fait pour que tes lèvres & ton cœur gardent le silence? Sois loyale, fais-moi souffrir toutes mes souffrances en une heure, ou jette-toi dans mes bras, & vivons heureux. Dis-moi tout, ouvre larges tes pensées & tes affections. Si tu ne m'aimes pas, frappe un grand coup, brise-moi, & va-t'en. Si tu m'aimes, refte, refte, mais refte sur mon cœur, tout près, & parle-moi, parle-moi toujours, car j'ai peur lorsque je te vois muette & morne pendant des journées entières, me regardant avec tes yeux de morte. Je sens la

démence me venir dans ce désert où tu me
traînes ; j'ai le vertige en me penchant sur
toi si profonde d'obscurité, de silencieuse
horreur. Non je ne puis vivre un jour de
plus dans l'ignorance de ton amour ou de
ton indifférence, je veux que tu t'expli-
ques sur l'heure, que tu te fasses enfin
connaître. Mon esprit eſt las de chercher,
il eſt plein des triſtes solutions qu'il a
voulu se donner de ton être. Si tu ne veux
pas que mon cœur & ma tête éclatent,
nomme-toi, dis qui tu es, assure-moi que
tu n'es pas morte, que tu as encore assez
de sang pour m'aimer ou pour me haïr.
J'en suis à la folie. Écoute, nous partirons
demain pour la Provence. Tu souviens-tu
des grands arbres de Fontenay ? Là-bas,
sous le large soleil, les arbres sont plus
fiers, plus puissants. Nous vivrons une
vie d'amour sur cette terre ardente qui te
rendra ta jeunesse & te donnera une beauté
sombre, passionnée. Tu verras. Je sais,
dans un trou semé d'herbe fine, une petite

maison noire, toute verte d'un côté de
lierres & de chèvrefeuilles ; il y a une
haie, haute comme un enfant, qui cache
les dix lieues de la vallée, & on n'aperçoit
que les rideaux bleus du ciel & le tapis vert
du sentier. C'eſt dans ce trou, dans ce nid,
que nous nous aimerons ; il sera notre
univers, nous y oublierons la vie que nous
avons menée au fond de cette chambre.
Le passé ne sera plus ; le présent seul,
avec son grand soleil, sa nature féconde,
ses amours fortes & douces, exiſtera pour
nos cœurs. Oh ! Laurence, par pitié, parle-
moi, aime-moi, dis-moi que tu veux bien
me suivre.

Elle était reſtée sur son séant, essuyant
avec tranquillité ses yeux gros de sommeil,
démêlant ses cheveux, étirant ses membres.
Elle bâillait. Mes paroles semblaient ne
produire sur elle que l'effet d'une musique
désagréable. J'avais prononcé les derniers
mots avec des larmes, avec tant de déchirement, qu'elle a cessé de bâiller & m'a re-

gardé d'un air contrarié & amical à la fois.
Elle a ramené sa chemise sur ses pieds nus,
puis elle a joint les mains.

— Mon pauvre Claude, m'a-t-elle dit,
sûrement tu es souffrant. Tu fais l'enfant,
tu me demandes des choses qui ne sont
vraiment pas drôles. Si tu savais combien
tu me fatigues avec tes embrassements
continuels, avec tes queftions bizarres ! Tu
m'as étranglée l'autre jour, aujourd'hui
tu pleures, tu t'agenouilles devant moi,
comme si j'étais une sainte-vierge. Je ne
comprends rien à tout cela. Je n'ai jamais
connu d'homme bâti de cette façon. Tu es
toujours là à m'étouffer, à me demander si
je t'aime : je t'aime, puisque je refte avec
toi sans que tu me donnes un sou. Tu ferais mieux, au lieu de te rendre malade
ici, de chercher quelque travail qui nous
permît de manger un peu plus souvent.
Voilà mon avis.

Elle s'eft étendue paresseusement & m'a
tourné le dos, pour ne pas avoir dans les

yeux la lumière de la fenêtre qui l'empêchait de se rendormir. Je suis demeuré à
genoux, le front contre le matelas, rompu
par le nouvel élan qui venait de m'empor-
ter; il me semblait que je m'étais élevé
très-haut & qu'une main dure & froide
m'ayant poussé, j'étais tombé à plat ventre
des profondeurs du ciel. Alors, je me suis
souvenu de Jacques; mais le souvenir me
paraissait lointain & vague, j'aurais juré
qu'il y avait des années que j'avais entendu
les paroles terribles de l'homme pratique.
Mon cœur s'eſt avoué tout bas que cet
homme avait peut-être raison dans son
égoïsme : j'ai eu la rapide tentation
de prendre Laurence à bras le corps,
& d'aller la porter au prochain carre-
four.

Je ne pouvais reſter ainsi entre Jacques
& Laurence, entre mon amour & mes
souffrances. Il me fallait un apaisement,
une résolution; j'avais le besoin de me
plaindre & d'interroger, d'entendre une

voix me répondre & me donner une certitude.

Je suis monté chez Pâquerette.

Je n'étais jamais entré dans la chambre
de cette femme. Cette chambre se trouve
au septième étage, sous les toits ; elle eft
petite, mansardée, & reçoit le jour par
une fenêtre oblique dont le carreau se lève
à l'aide d'une tige en fer. Le papier des
murs pend en lambeaux noirâtres; les
meubles, une commode, une table & un
lit de sangle, s'appuient les uns contre les autres, pour ne pas tomber. Dans
un coin, il y a une étagère en palis-
sandre, avec des filets d'or le long des ba-
guettes, chargée de verreries & de porce-
laines. Le bouge eft sale, encombré de
vases de cuisine ébréchés, pleins d'eaux
grasses; il exhale une forte odeur de graillon & de musc, mêlée à cette senteur âcre
& nauséabonde des vieilles gens.

Pâquerette était gravement enfoncée dans
un fauteuil rouge, dont l'étoffe, usée par

endroits, montrait la laine du dossier &
des bras. Elle lisait un petit livre jaune,
maculé, qu'elle a fermé & posé sur la
commode.

Je lui ai pris les mains, j'ai pleuré. Je
me suis assis sur un tabouret, à ses pieds.
Dans mon désespoir, j'étais tenté de l'appeler ma mère. J'ai conté ma matinée,
les paroles de Jacques, celles de Laurence; j'ai vidé mon cœur, avoué mon
amour & ma jalousie, demandé un conseil. Les mains jointes, sanglotant, sup-
pliant, je me suis adressé à Pâquerette
comme à une bonne âme qui connaissait
la vie, qui pouvait me sauver de cette
fange où je m'étais aventuré en aveugle.

Elle a souri en m'écoutant, me tapant
sur les joues de ses doigts secs & jaunes.

— Allons, allons, m'a-t-elle dit, lorsque l'émotion a étranglé la voix dans ma
gorge, allons, voilà bien des larmes! Je
savais qu'un jour ou l'autre vous monte-
riez ici pour me demander aide & secours.

Je vous attendais. Vous preniez tout cela
bien trop au sérieux, vous deviez en arriver à ces sanglots. Voulez-vous que je
vous parle franchement?

— Oui, oui, me suis-je écrié, franchement, brutalement.

— Eh bien! vous faites peur à Laurence.
Autrefois, je vous aurais mis à la porte
dès le second baiser : vous embrassez trop
fort, mon fils. Laurence reste avec vous,
parce qu'elle ne peut aller ailleurs. Si vous
voulez vous en débarrasser, donnez-lui
une robe.

Pâquerette s'est arrêtée avec complaisance sur cette phrase. Elle a toussé, puis a
écarté de mon front une boucle de cheveux qui venait de glisser.

— Vous me demandez un conseil, mon
fils, a-t-elle ajouté. Je vous donnerai par
amitié le conseil que Jacques vous a donné
par intérêt. Il vous délivrera volontiers de
Laurence.

Elle a ri méchamment, & ma douleur a
été plus vive.

— Écoutez, lui ai-je dit avec violence,
je suis venu ici pour être calmé. Ne bou-
leversez pas ma raison. Il eft impossible
que Jacques aime Laurence après les paroles qu'il m'a dites ce matin.

— Eh! mon fils, m'a répondu la vieille,
vous êtes bien naïf, bien jeune. Je ne
sais ce que vous entendez par amour, &
j'ignore si Jacques aime Laurence. Ce que
je n'ignore pas, c'eft qu'ils s'embrassent
tous deux dans les petits coins. Jadis, que
de baisers j'ai donnés sans savoir pourquoi,
que de baisers on m'a rendus qui venaient
je ne sais d'où. Vous êtes un étrange
garçon, qui ne fait rien comme les autres. Vous ne devriez pas vous mêler
d'avoir une maîtresse. Si vous êtes bien
sage, voilà ce que vous allez faire : vous
vous prêterez à la circonftance, & tout
doucement Laurence s'en ira. Elle n'eft
plus jeune, elle pourrait vous refter sur les

bras. Songez-y. Plus tard, vous vous
repentiriez. Il vaut mieux la laisser partir, puisqu'elle veut bien partir d'elle-
même.

J'écoutais avec ftupeur.

— Mais j'aime Laurence, ai-je crié.

— Vous aimez Laurence, mon fils, eh
bien! vous ne l'aimerez plus. Voilà tout.
On se prend & on se quitte. C'eft l'hiftoire.
Mais bon Dieu! d'où venez-vous donc?
Quelle idée avez-vous eue, ainsi bâti, de
vous mettre à aimer quelqu'un? Dans mon
temps, on aimait autrement; il était plus
facile alors de se tourner le dos que de
s'embrasser. Vous sentez vous-même qu'il
vous eft impossible désormais de vivre
avec Laurence. Séparez-vous gentiment.
Je ne vous parle pas de prendre Marie avec
vous : cette fillette vous déplaît, & je crois
que vous ferez mieux de coucher seul.

Je n'entendais plus la voix de Pâquerette. La pensée que Jacques avait pu me
tromper le matin, ne m'était pas venue;

maintenant, je m'y enfonçais, ne parve-
nant pas à y croire, mais trouvant une sorte
de consolation à me dire qu'il m'avait
menti peut-être. C'était une nouvelle ombre dans mon intelligence, un nouveau
tourment ajouté à mes tourments. J'allais
pouvoir devenir fou.

Pâquerette continuait en nasillant :

— Je voudrais vous former, Claude,
vous communiquer mon expérience. Vous
ne savez pas aimer. Il faut être bon avec
les femmes, ne pas les battre, leur donner
des douceurs. Surtout, pas de jalousie ; si
on vous trompe, laissez-vous tromper ; on
vous en aimera davantage les jours sui-
vants. Quand je songe à mes amants, je me
rappelle un petit blond qui se vantait d'a-
voir eu pour maîtresses toutes les filles des
bals publics. Voyez-vous cette étagère, le
dernier souvenir qui me reſte : elle me
vient de lui. Un soir, il s'eſt approché de
moi & m'a dit en riant : « Tu es la seule
que je n'ai pas aimée. Veux-tu m'embras-

ser après toutes les autres. » Je l'ai embrassé sur les deux joues, & nous avons soupé ensemble. Voilà comment il faut aimer.

Je suis sorti de mon accablement, j'ai regardé le lieu où je me trouvais. Alors seulement, j'ai vu la saleté du bouge, j'ai senti l'odeur de musc & de graillon. Toute ma fièvre était tombée, j'ai compris la honte de ma présence aux pieds de la vieille impure. Les paroles qu'elle m'avait dites & que ma mémoire gardait, se sont précisées, effrayantes, dans ma pensée qui les tournait auparavant sans les comprendre

Je n'ai pas eu la force de descendre jusqu'à ma chambre. Je me suis assis sur une marche, & j'ai pleuré tout le sang de mon cœur.

XXVI

Je suis lâche, je souffre & je n'ose cauté-
riser la plaie. Je sens que Pâquerette &
Jacques ont raison, que je ne puis vivre
dans cet effroyable tourment qui me secoue. Je n'ai plus, si je ne veux en mourir, qu'à arracher l'amour de ma poitrine.
Mais je suis comme les moribonds qu'ef-
fraient l'inconnu & le néant. Je sais quelles sont les angoisses de mon cœur plein
de Laurence; je ne sais quelles seraient ses
douleurs, s'il devenait vide de cette femme.
Je préfère les sanglots de mon agonie à la
mort de mon amour; je recule devant les
myftérieuses horreurs d'une âme veuve
d'affeétion.

C'eft avec désespoir que je sens Laurence m'échapper. Je la presse entre mes

bras comme un cilice qui me met en sang,
qui me donne une volupté amère. Elle
me déchire; & je l'aime. Je l'aime pour
toutes les pointes qu'elle fait entrer dans
ma chair; j'éprouve l'extase douloureuse
de ces moines qui mouraient sous les ver-
ges dont ils se frappaient eux-mêmes.
J'aime & je sanglote; je ne veux pas refuser les sanglots, si je dois refuser l'a-
mour.

Et cependant je comprends que ce cauchemar âpre & violent doit finir. La crise
approche. Je ne sais lequel de nous va
mourir. J'ai comme une angoisse qui me
tient éveillé, qui m'avertit d'un malheur
prochain. Le ciel aura pitié : il guérira
mon esprit & me laissera mon cœur; il me
choisira pour la mort plutôt que de choisir mes tendresses.

Ce matin, j'ai rencontré un jeune homme & une jeune femme qui marchaient
dans le soleil clair. Tous deux, étroitement pressés, s'avançaient à petits pas,

oublieux de la foule. La jeune femme s'appuyait à l'épaule du jeune homme,elle le contemplait, émue & souriante, & lui, dans un regard, il lui rendait son émotion, son sourire. Le couple rayonnait.

Il y a donc des amours jeunes. Tandis que je vis misérable, à l'ombre, déchiré par une passion horrible, il y a donc, dans les rayons de mai, des amants qui vivent de douceur. Je ne savais pas qu'on pouvait s'aimer ainsi, je croyais que les baisers devaient être âcres et poignants.

Maintenant, je me rappelle. Les amants s'en vont deux à deux, dans les clairs de lune, dans les aurores. Ils sont vêtus d'étoffes légères. Ils s'embrassent à chaque pas d'une façon tendre, recueillie; ils vivent au milieu des herbes, au milieu des foules, & ils sont toujours seuls. Le ciel sourit, la terre se fait discrète, l'univers eſt complice. Les amants échangent leurs cœurs, ils vivent l'un de la vie de l'autre.

Moi, je me suis enfermé ici. Je ne puis

tout avoir. J'ai les larmes, le désespoir d'aimer seul; j'ai le silence, les yeux morts de Laurence. Qu'ai-je besoin de printemps & de jeunes amours? J'ai ma douleur, si les autres ont leur joie.

O mon Dieu, pitié! ne me prenez pas ma souffrance. Empêchez cette femme de me guérir en me tuant mon amour. Qu'elle refte là, à mon côté; qu'elle y refte, froide & indifférente, pour prolonger mon tourment. Je ne sais plus pourquoi je l'aime; je l'aime en dehors du jufte & du vrai; je l'aime pour l'aimer, & je ne veux pas qu'on me dérange dans la folie de ma paffion. Tout mon être s'écrase à l'idée qu'elle peut me quitter : j'ai peur du néant. En la perdant, je perdrais ma famille, toutes mes affeĉtions, tout ce qui me rattache encore à la terre. Mon Dieu, ne lui permettez pas de me laisser orphelin.

XXVII

Je me plais dans la chambre de Marie.
Dès le matin, je vais m'asseoir au bord du
lit de la mourante, je vis là le plus possible, me retirant avec regret. Partout ailleurs, j'appartiens à Laurence, j'ai la fièvre. J'ai hâte de me trouver dans ce lieu
d'apaisement, j'y entre avec la sensation
de confiance & de bien-être d'un malade
qui va respirer un air plus doux dont il
attend la guérison.

J'aime la mort. La chambre eft tiède,
moite; la lumière y eft grise & attendrie,
faite d'ombre & de clarté blanche; tout y
flotte dans une langueur dernière, dans
une demie-transparence molle & recueillie. On ne sait combien eft doux à un cœur
saignant le silence qui règne dans la pièce

où se meurt une jeune fille. Ce silence eſt
un silence étrange, particulier, d'une douceur exquise, plein de larmes contenues.
Les bruits, un choc de verre, le craque-
ment d'un meuble, s'adoucissent, se traî-
nent comme des plaintes étouffées; les cris
du dehors entrent en murmures de pitié,
de miséricordieux encouragements. Tout
se tait, le son & la lumière; tout eſt
pénétré de douleur & d'espérance. Et, dans
l'ombre, dans le silence, on entend un
vague désespoir qui vient on ne sait d'où,
& qu'accompagne le souffle déchiré de la
moribonde.

Je regarde Marie. Je me sens peu à peu
pénétrer par cette invisible haleine de
pitié consolante qui emplit la chambre.
Mes yeux se reposent de leurs larmes dans
cette clarté pâle; mes oreilles, dans ce silence frissonnant, oublient pour une heure
le bruit de mes sanglots. Toute la douceur, toutes les attentions délicates, toutes
les paroles basses & caressantes que l'on a

pour Marie, me sont comme adressées;
on retient le bruit des voix & des pas, on
interroge, on répond avec affection, on
évite les sensations aiguës & douloureuses,
& moi, je crois, par inftants, que toutes ces
bonnes précautions sont prises pour ne
pas faire éclater mon pauvre être plein de
souffrance. Je m'imagine que je me meurs,
que l'on me soigne; je prends ma part
des soins, des consolations; je vole à
Marie une moitié de son agonie & des pitiés qu'elle fait naître; je viens là, au côté
d'une enfant mourante, profiter des regrets & des tendresses que les hommes ac-
cordent aux heures dernières d'une âme.
Je guéris mon amour dans la mort.

Je le sens, c'eft le besoin d'être plaint,
d'être caressé qui me pousse dans cette
chambre. J'y trouve l'air qu'il me faut, la
pitié qui m'eft nécessaire. La vie eft trop
aiguë pour ma chair endolorie & mon
cœur blessé; le grand jour m'irrite, je ne
suis à l'aise que dans l'effacement répara-

teur de la tombe. Si, un jour, je sors de
mes désespoirs, je devrai remercier le ciel
de m'avoir permis de vivre assis au pied
d'un lit de mort, de m'avoir fait ainsi par-
tager les apaisements d'une agonie. J'aurai
vécu parce qu'une enfant sera morte à mon
côté.

Je regarde Marie. La fièvre épure sa
chair de jour en jour. Elle rajeunit, elle
devient petite fille, dans l'épuisement de
son sang. Son visage, profondément creusé,
exprime un désir ardent, celui du néant,
du repos; les yeux ont grandi, les lèvres
pâles restent entr'ouvertes, comme pour
faciliter le passage au souffle suprême.
Elle attend, résignée, presque souriante,
ignorante de la mort de même qu'elle a
été ignorante de la vie.

Parfois, nous nous contemplons l'un
l'autre, en face, pendant de longues heures. Je ne sais quelle pensée arrête la toux
sur ses lèvres; elle paraît emplie d'une
idée unique qui suffit à la tenir éveillée,

plus vivante & plus calme. La face s'a-
paise, il y a des lueurs roses sur les joues;
les membres sous le drap ont moins de
roideur; Marie, devant mon regard, se
détend, sort de l'agonie. Moi, je m'absorbe
en elle, je prends ses souffrances; peu à
peu, il me semble que je passe par ses lèvres
entr'ouvertes & que je fais partie de cette
créature malade; j'éprouve une sensation
douce & amère à languir avec elle, à dé-
faillir lentement; je sens l'inexorable mal
prendre possession de chacun de mes membres, me secouer avec une violence croissante, à mesure que mes regards pénètrent
plus avant dans ceux de Marie; je me dis
que je vais mourir à la même minute
qu'elle, & j'ai une grande joie.

Oh! quel étrange attrait & quel apaisement! La mort eſt puissante, elle a des
tentations âpres, d'irréſiſtibles appels. Il
ne faut pas se pencher sur les yeux d'un
mourant, car ils sont pleins de lumière &
si profonds que leurs abîmes donnent le

vertige. On voudrait voir ce que voient ces yeux agrandis, on eſt pris de l'effrayante curiosité de l'inconnu. Toutes les fois que Marie me regarde, je désire mourir, m'en aller avec elle pour savoir ce qu'elle saura; je crois deviner qu'elle me sollicite, qu'elle me prie de ne pas l'abandonner, qu'elle fait le rêve de nous en aller de compagnie, risquant le même néant ou la même splendeur.

J'oublie alors, j'oublie Laurence. Moi qui vois Laurence dans toutes choses, dans la veille & dans le rêve, dans les objets qui m'entourent, dans ce que je mange & dans ce que je bois, je ne vois pas Laurence au fond des yeux de Marie. Je n'y vois que cette lueur bleue, plus pâle aujourd'hui, que j'ai aperçue une nuit, tandis que mes lèvres touchaient les lèvres de l'enfant. Cette lueur bleue eſt vide de mon amour, elle eſt vide de douleur pour moi, elle eſt la seule chose que je puisse regarder sans pleurer. C'eſt pourquoi j'aime

cette chambre, cette moribonde, ces larges
regards qui ont plus de pureté, plus de
douceur que le ciel, car le ciel, lui aussi,
me parle de Laurence, lorsque je lève la
tête. Je viens me perdre dans cet oubli,
dans cette lumière claire & sereine, toute
pure, qui peut-être guérira mon cœur.

Lorsque la nuit tombe & que je ne vois
plus la lueur bleue des yeux de Marie,
j'ouvre la fenêtre, je regarde la muraille
noire. Le carré de lumière jaune eſt là,
vide ou peuplé, morne ou empli de mouvements silencieux. J'ai une sensation
âcre, après plusieurs heures d'oubli, à me
retrouver face à face avec la réalité, face à
face avec ma jalousie & mes angoisses.
Chaque soir, je recommence ce labeur pénible & gigantesque de donner un sens à
ces taches sombres qui grandissent & rou-
lent bizarrement sur le mur. Je me suis
fait une récréation douloureuse de cette
recherche, je m'y applique avec une pa-
tience anxieuse, un entêtement plein de

fièvre, qui, tous les jours, me ramènent à
la fenêtre, bien que je me promette, tous
les jours, de ne plus y risquer ma raison.

XXVIII

J'en suis à cette plénitude de désespoir
qui eſt presque du repos. Je ne saurais
souffrir davantage; cette certitude que rien
n'augmentera mes larmes, eſt un soulagement. Mon être s'eſt déchiré lui-même
à ce point qu'il s'eſt arrêté de pitié. Aujourd'hui, je ne puis qu'essuyer mes
larmes.

Et cependant, je sens que j'ai besoin du
ciel pour être guéri. J'ai l'abrutissement
de la douleur, je n'ai pas la tranquille joie
de la santé. Si mes blessures ne peuvent

s'agrandir, elles peuvent refter ouvertes,
saignant goutte à goutte, avec une souffrance sourde.

Frères, la main qui les a fermées eft une
main terrible, la main de la mort & de la
vérité.

Hièr, la nuit venait, la chambre de Marie s'emplissait d'ombre & de silence. Une
bougie, cachée à demi derrière un vase de
la cheminée, éclairait un coin du plafond;
les murs & le sol étaient sombres; le lit
blanchissait au milieu de ténèbres trans-
parentes. Marie, plus pâle, plus brisée,
avait fermé les yeux. Je savais qu'elle
ne passerait pas la nuit. Pâquerette dormait dans son fauteuil, les mains jointes
sur la taille, souriant en rêve à quelque
gourmandise imaginaire; le menton au
corsage, elle ronflait doucement, & le
bruit de son souffle se mêlait au râle affaibli de Marie. Je me suis senti étouffer
entre cette jeune fille moribonde & cette
vieille femme gorgée de nourriture. J'ai

gagné la fenêtre, je l'ai ouverte. Le temps était beau.

Je me suis accoudé à la barre de bois, & j'ai regardé le carré jaune, en face. Les taches allaient & venaient avec rapidité, s'effaçant pour grandir encore. Jamais les ombres n'avaient été aussi leftes, aussi ironiques; elles paraissaient se plaire à une danse railleuse, à une débauche de formes inexplicables, voulant achever ma raison. C'était un pêle-mêle inexprimable, un amas de têtes, de cous, d'épaules, qui roulait sur lui-même, comme haché, secoué à coups de fléau. Puis, soudain, à l'inftant où je souriais amèrement, ne cherchant plus à comprendre, il s'eft fait une paix suprême dans ces masses sombres & agiles; les taches ont eu un dernier saut, deux profils se sont dessinés, énormes, énergiques, se détachant avec netteté & vigueur. On eût dit que, lasses de me tourmenter, les ombres avaient voulu se révéler enfin; elles

16.

étaient là, noires, puissantes, d'une vérité
& d'une insolence superbes. J'ai reconnu
Laurence & Jacques, démesurés, dédai-
gneux. Les deux profils se sont approchés
l'un de l'autre avec lenteur, & ils se sont
unis en un baiser.

Je n'avais pas quitté mon sourire. J'ai
senti en moi une sorte d'arrachement suivi
d'un bien-être subit. Mon cœur, dans une
pulsation énorme, a chassé tout l'amour
qui l'étouffait, & l'amour s'en eſt allé par
mes veines, me causant une dernière brûlure. J'ai eu cette sensation d'angoisse que
le patient éprouve entre les mains de l'opé-
rateur : j'ai souffert pour ne plus souffrir.

Enfin, les ombres parlaient, elles me
donnaient une certitude. J'avais la vérité
écrite là, devant moi, sur la muraille; je
savais ce que je cherchais à deviner depuis
bien des jours, je regardais fixement ces
deux têtes noires qui s'embrassaient dans
le carré de lumière jaune.

Je me suis étonné de souffrir si peu. J'aurais cru en mourir, & je ne sentais plus qu'une lassitude extrême, qu'un engourdissement de tout mon être. Longtemps, je suis demeuré accoudé, regardant les deux ombres qui s'agitaient d'une façon caressante, & j'ai songé à cette terrible aventure qui se dénouait par l'embrassement de deux taches sombres sur une muraille éclairée. La conversation que j'avais eue avec Jacques s'eft alors représentée avec force à ma mémoire; dans le vide qui se faisait en moi, j'entendais s'élever une à une, graves & lentes, les paroles de l'homme pratique, & ces paroles, que je croyais écouter pour la première fois, m'étonnaient étrangement, prononcées en face de ce baiser que l'ombre de Jacques donnait à l'ombre de Laurence. Qui trompait-on dans tout ceci? Pâquerette avait-elle raison, étais-je en face d'un de ces caprices inexplicables qui poussent les gens à se mentir à eux-mêmes? Ou bien Jacques se dévouait-il pour me sauver, allant jusqu'à des caresses mensongères? Singulier dévouement qui pouvait me frapper dans ma chair, dans mon cœur, & me guérir d'un mal par un mal plus terrible encore!

Peu à peu mes pensées se sont troublées, je n'ai plus eu le calme du premier moment.

Je ne comprenais pas ce baiser, & je finissais par craindre que ce ne fût là une misérable comédie.

La lutte entre le doute & la certitude s'eft, pendant un inftant, établie en moi, plus âpre, plus cuisante. Je ne pouvais m'imaginer que Jacques aimât Laurence, je croyais plus en lui que je ne croyais en Pâquerette. Puis je me disais que les baisers ont leur ivresse, & qu'il allait aimer cette femme, s'il ne l'aimait déjà, à appuyer de la sorte ses lèvres sur les siennes.

C'eft ainsi que j'ai souffert de nouveau. Ma jalousie s'eft réveillée, mon angoisse m'a repris à la gorge.

J'aurais dû me retirer de cette fenêtre, ne pas m'abandonner à la vue des deux ombres. Ce que j'ai souffert en quelques minutes est indicible; il me semblait que l'on m'arrachait les entrailles, & je ne pouvais pleurer.

La vérité se faisait claire, inexorable : peu importait que Jacques aimât ou n'aimât pas Laurence; Laurence se pendait à son cou, se donnait à lui, & elle était désormais morte pour moi. Là était la seule réalité, le dénoûment appelé & redouté à la fois.

Dans le sourd grondement qui agitait mon être, j'ai senti tout s'écrouler en moi, j'ai compris que je restais sans croyance, sans amour, & je suis allé m'agenouiller devant le lit de Marie, en sanglotant.

Marie s'est éveillée, elle a vu mes larmes. Elle a fait un effort surhumain &, frissonnante de fièvre, s'est mise sur son séant. Je l'ai vue se pencher, appuyant sa tête à mon épaule, j'ai senti son bras maigri

& brûlant entourer mon cou. Ses yeux,
lumineux dans l'ombre, tout pleins des
clartés de la mort, m'interrogeaient avec
effroi & compassion.

Moi, j'aurais voulu prier. J'avais le besoin de joindre les mains, d'implorer
une divinité douce & miséricordieuse. Je
me sentais faible & nu ; dans ma peur
d'enfant, je cherchais à me donner à un
Dieu bon qui eût pitié de moi. Tandis que
Jacques m'arrachait Laurence, & que tous
deux, en bas, s'unissaient étroitement en
un baiser, j'avais l'immense désir de faire
mes actes de foi & d'amour, de protester à
genoux, d'aimer ailleurs, dans la lumière,
dans l'absolu. Mais ma bouche ignorait
la prière, je tendais les bras avec désespoir, dans le vide, vers le ciel muet.

J'ai rencontré la main de Marie, & je
l'ai serrée doucement. Ses yeux agrandis
m'interrogeaient toujours.

— Oh! prions, mon enfant, lui ai-je dit,
prions ensemble.

Elle a paru ne pas m'entendre.

— Qu'as-tu? a-t-elle murmuré d'une voix éteinte & caressante.

Et sa main faible cherchait à essuyer mes larmes. Alors, je l'ai regardée, mon cœur navré s'eft fondu de pitié. Elle se mourait. Elle était déjà en dehors la vie, plus blanche, plus grande; ses regards qui se voilaient s'emplissaient d'une extase attendrie & sereine; son visage apaisé dormait, ses lèvres amincies n'avaient plus de râle. J'ai compris qu'elle allait mourir entre mes bras, à cette heure solennelle où mes tendresses mouraient, elles aussi, & cette mort d'une enfant, mêlée à la mort de mon amour, a mis en mon âme une compassion si profonde que j'ai tendu de nouveau les mains dans le vide avec une anxiété plus âpre, cherchant quelqu'un.

Je me suis soulevé, &, d'une voix basse, déchirée :

— Prions, mon enfant, ai-je répété, prions ensemble.

Marie a souri

— Prier, Claude ! m'a-t-elle dit, pourquoi veux-tu que je prie?

— Pour nous consoler, Marie, pour
nous faire pardonner.

— Je n'ai pas de pardon à demander, je
n'ai pas de triftesse à adoucir. Tiens, vois,
je souris, je suis heureuse; mon cœur ne
me reproche rien.

Elle a gardé le silence, écartant ses cheveux de son front, puis a repris d'un ton
plus affaibli :

— Je ne sais pas prier, parce que je n'ai
jamais eu à demander pardon. La femme
qui m'a élevée m'assurait que les méchants
seuls allaient dans les églises pour se faire
absoudre de leur crime. Moi, je suis une
enfant qui n'a pas fait le mal, jamais je
n'ai eu besoin de Dieu. Toutes les fois que
j'ai pleuré, mes larmes ont coulé largement
sur mes joues & le vent les a séchées.

— Veux-tu que je prie pour toi, Claude?
a-t-elle ajouté après un nouveau silence,

tu me joindras les mains & tu me feras répéter les mots qu'on apprend aux enfants, dans les villages. Je demanderai à Dieu qu'il ne te fasse plus pleurer.

Moi, frémissant, navré, je priais pour Marie, je priais pour moi. Je trouvais au fond de mon être des paroles de plainte & d'adoration, & je les disais une à une sans remuer les lèvres. Je suppliais le ciel d'être miséricordieux, de nous faciliter la mort, d'endormir cette enfant dans son extase, dans son ignorance. Et, tandis que je priais, Marie, sans voir que je cherchais un Dieu, me serrait le cou avec plus de force, se penchant sur mon visage.

— Écoute, Claude, me disait-elle, je me lèverai demain, je mettrai une robe blanche, & nous nous en irons de cette maison. Tu chercheras une petite chambre où nous nous enfermerons tout seuls. Jacques ne veut plus de moi, je le vois bien, parce que je suis trop faible, trop blanche. Toi, tu as le cœur bon ; tu me

17

soigneras bien, & je vivrai avec toi comme
j'ai vécu avec Jacques, plus douce, plus
gaie. Je suis un peu lasse, j'ai besoin d'un
bon frère. Veux-tu?

Ces paroles étaient horribles dans la
bouche de la mourante, prononcées avec
une tendresse alanguie. Elle gardait sa
naïve impudeur jusque dans la mort, elle
s'offrait sur sa dernière couche en sœur
& en amante de dix ans. Je soutenais son
pauvre corps comme une chair sacrée,
j'écoutais sa voix ardente & basse avec
une sainte compassion.

Je songeais, ne pouvant plus prier.
Qu'eft-ce donc que le mal? N'étais-je pas
en faee d'un bien absolu? Certes, Dieu a
fait une œuvre toute bonne, toute par-
faite. Le mal eft une de nos inventions,
une des plaies dont nous nous sommes couverts. Cette enfant qui mourait ne s'était pas
plus inquiétée, dans la vie, des baisers
qu'elle avait donnés à ses amants, qu'une
petite fille ne s'inquiète des caresses qu'elle

adresse à sa poupée. Et cette Laurence,
cette Laurence morne & désolée, accu-
sait un tel affaissement que son impudeur n'était plus que l'acceptation tacite
d'un acte purement matériel. Où trouver le mal dans tout ceci, & qui aurait
osé punir Laurence & Marie, l'une de son
ignorance, l'autre de son abrutissement.
Le cœur s'était rendormi ou ne s'était pas
encore éveillé. Il ne pouvait être complice
de la chair qui, elle-même, restait innocente, dans son silence. Si j'avais eu à
condamner ces deux femmes, j'aurais eu
plus de larmes que de sévérité, j'aurais
souhaité pour elles la mort, la paix suprême.

Elles doivent dormir un sommeil bien
profond dans leurs tombes, ces pauvres
créatures qui ont vécu de tumulte, de
gaieté fiévreuse. Peut-être, toutefois, leurs
cœurs aiment-ils enfin dans la mort, souffrant effroyablement à la pensée d'une vie
passée à aimer sans amour; ils voudraient

battre maintenant, & ils sont cloués dans leur'cercueil. Marie s'en allait, blanche & vierge, étonnée, frissonnante, comprenant peut-être qu'elle mourait avant d'avoir connu la vie. J'aurais voulu qu'elle emportât avec elle Laurence qui n'avait plus rien à apprendre, ayant usé toutes les voluptés. Elles seraient descendues toutes deux dans l'inconnu, du même pas, également souillées, également innocentes, filles de Dieu meurtries par les hommes.

J'ai soutenu le front de Marie que l'agonie courbait.

— Où eft Jacques? m'a-t-elle demandé.

— Jacques, ai-je répondu, eft dans sa chambre avec Laurence. Ils s'embrassent. Nous sommes seuls.

— Seuls! Laurence ne vit plus avec toi, Claude?

— Non. Elle m'a quitté pour Jacques. Nous sommes seuls.

Elle a frotté doucement ses mains l'une contre l'autre.

— Oh! que c'eft bon, oh! que c'eft bon
d'être seuls, murmurait-elle; nous allons
pouvoir vivre ensemble. Ils ont bien fait
d'arranger cela de cette façon. Il faudra les
remercier. Qu'ils soient heureux de leur
côté, nous serons heureux du nôtre.

Puis, elle a pris un ton de confidence,
une voix basse & joyeuse.

— Tu ne sais pas, disait-elle, je n'aimais
point Laurence. Cette femme était mauvaise, elle te faisait pleurer des larmes que
j'aurais bien voulu essuyer. La nuit, lorsque je te savais à son côté, je ne pouvais
dormir; je m'éloignais de Jacques, j'aurais
voulu monter dans ta chambre pour veiller
sur toi, afin qu'elle ne te fît pas de mal.
Tu ne me quitteras plus, n'eft-ce pas,
Claude? Va, je serai une bonne petite
femme qui se fera la plus petite possible.

Marie a gardé un court silence, souriant
à ses pensées. Elle s'affaissait de plus en
plus & devenait inerte. Je tenais son corps,
je sentais la vie s'en aller de sa chair

avec chacune des paroles qu'elle prononçait. Elle avait encore quelques minutes à vivre. Le sourire s'eft effacé, elle a eu comme un mouvement d'effroi.

— Tu me trompes, Claude, a-t-elle repris brusquement : Jacques n'embrasse pas Laurence. Tu cherches à me faire plaisir. Où les vois-tu s'embrasser?

— Là, en face, ai-je répondu, sur la muraille.

Marie a joint les mains.

— Je veux voir, a-t-elle dit en se pressant contre moi.

Elle avait une voix sourde & suppliante, elle me caressait, humble & douce.

Je l'ai prise entre mes bras & je l'ai soulevée. Elle était légère, toute palpitante; elle s'abandonnait. Je la portais avec précaution, la sentant à peine, craignant de la briser. Mes mains touchaient avec un saint respect à cette créature demi - nue, échevelée, qui se tenait à mon cou, appartenant déjà à la mort.

Lorsque, les bras étendus, je l'ai présentée à la fenêtre, Marie, dont la tête était renversée, a regardé le ciel. La nuit se creusait, d'un bleu profond, semée d'étoiles; l'air calme avait des frissons chauds & lents. Les yeux de la moribonde regardaient les étoiles, ses lèvres aspiraient l'air tiède. Son visage, jusqu'alors résigné, a eu une contraction douloureuse, comme une révolte de la chair mourante en présence des souffles de la vie. Elle s'absorbait dans sa contemplation, elle égarait ses regards dans les espaces sombres, elle semblait rêver son dernier rêve.

J'ai entendu un murmure, & je me suis penché. Elle répétait :

— Je ne les vois pas, ils ne s'embrassent pas.

Et elle agitait doucement dans le vide ses pauvres mains, comme pour écarter le voile qui s'étendait sur sa vue.

Alors, j'ai haussé sa tête. Les ombres, dans le carré de lumière jaune, s'embrassaient encore. Elles étaient plus noires, plus énergiques, & leur netteté les rendait effrayantes. Marie les a aperçues.

Un sourire suprême s'eſt montré sur ses lèvres. Avec une joie d'enfant, une voix jeune, elle s'eſt approché de mon oreille, me caressant de la main.

— Oh! je les vois, je les vois, a-t-elle dit. Ils s'embrassent. Ils ont des têtes énormes, toutes noires. J'ai peur. Dis-leur bien que nous sommes ensemble, qu'ils ne viennent plus nous tourmenter. Une nuit, ils se sont embrassés ainsi; nous nous embrassions de notre côté, & c'eſt à partir de ce moment-là que je n'ai plus aimé Laurence. Te souviens-tu? Viens, que je te donne un baiser. Ce sera le second, celui de nos fiançailles.

Marie a posé en balbutiant sa bouche sur la mienne. J'ai senti passer entre mes lèvres un souffle avec un léger cri. Le corps que je tenais entre mes bras a eu une convulsion, puis s'eſt abandonné.

J'ai regardé les yeux de Marie. Ils étaient grands ouverts, mais j'ai cherché vainement la lueur bleue qui y brûlait, la nuit dont elle venait de parler.

Marie était morte, morte dans mes bras.

J'ai reporté le cadavre sur le lit, couvrant chaſtement ce corps demi-nu que j'avais jusque-là caché contre ma poitrine. Je me suis assis au bord de la couche, j'ai appuyé la tête de l'enfant sur l'un de mes bras, lui tenant les mains, regardant son visage qui semblait vivre & sourire encore. Elle était plus grande dans la mort, plus sereine, plus pure.

De grosses larmes coulant sur mes joues tombaient dans les cheveux de la morte qui me couvraient les genoux.

Je ne sais combien de temps je suis reſté ainsi au milieu du silence & de l'ombre. Brusquement, Pâquerette s'eſt éveillée, elle a vu le cadavre. Elle s'eſt levée en frissonnant, & a couru chercher la bougie derrière le vase, sur la cheminée; puis,

lorsqu'elle a eu promené la flamme sur la
face de Marie, & qu'elle a vu que tout
était bien fini, elle s'eſt désespérée bruyamment. Cette vieille femme reculait avec
effroi devant la mort qu'elle sentait à son
côté, elle criait de douleur en songeant
qu'il lui faudrait bientôt mourir, elle aussi.
Elle n'avait jamais cru à la maladie de
cette enfant qui lui semblait trop jeune
pour s'en aller si vite ; devant le rapide
& terrible dénoûment, elle tremblait
d'épouvante. Ses cris devaient s'entendre
de la rue.

Un bruit de pas eſt venu de l'escalier.
Quelque voisin montait, attiré par les
exclamations de Pâquerette.

La porte s'eſt ouverte. Laurence & Jacques ont paru sur le seuil...

Oh! frères, je ne puis continuer aujour-
d'hui l'effrayant récit. Ma main tremble,
mes yeux s'emplissent d'ombre. Demain,
vous saurez tout.

XXIX

Laurence & Jacques ont paru sur le seuil de la porte, à moitié vêtus, effrayés.

Jacques, en apercevant le cadavre de Marie, a joint les mains avec terreur & étonnement. Il ne s'attendait pas à une mort si prompte. Il eſt venu s'agenouiller au pied du lit, il a caché sa tête dans le drap qui tombait à terre. Une angoisse profonde semblait l'écraser. Il n'a plus bougé. Je ne savais s'il pleurait.

Laurence, pâle, les yeux secs, s'eſt tenue sur le seuil, n'osant avancer. Elle frissonnait & détournait les regards.

— Morte, morte ! a-t-elle répété à voix basse.

Et elle a fait deux ou trois pas, comme

pour mieux voir. Elle se trouvait au milieu de la chambre, seule, debout.

Moi, je serrais toujours le cadavre entre
mes bras, je m'en couvrais, je me proté-
geais contre Laurence qui approchait.

— N'avancez pas, lui ai-je crié dure-
ment, ne venez pas souiller cette enfant
qui dort. Reftez où vous êtes. J'ai à vous
juger & à vous condamner.

— Claude, m'a-t-elle répondu d'une
voix douce, laisse-moi l'embrasser.

— Non, non, vos lèvres sont toutes
meurtries des baisers de Jacques : vous
profaneriez la mort.

Jacques paraissait dormir, la tête dans
le drap. Laurence eft tombée à genoux.

— Écoute, Claude, a-t-elle dit en me
tendant les mains, je ne sais ce que tu
vois sur mes lèvres, mais ne me parle
pas avec une telle dureté. J'ai besoin de
douceur.

J'ai regardé cette femme qui se plaignait
humblement, & je n'ai pas reconnu Lau-

rence. J'ai pressé Marie plus étroitement, craignant quelque faiblesse.

— Levez-vous pour m'entendre, ai-je repris. Je veux en finir. Vous venez de chez Jacques, vous êtes encore toute échevelée de ses caresses. Vous n'auriez pas dû monter. Vous vous trompez de porte.

Laurence s'eſt levée.

— Alors tu me chasses? a-t-elle demandé.

— Je ne vous chasse pas. Vous vous êtes chassée vous-même, en acceptant une autre demeure. Reſtez où vous êtes allée.

— Je ne suis allée nulle part. Tu te trompes, Claude. Il n'y a pas de baisers étrangers sur mes lèvres. Je t'aime.

Elle avançait à petits pas, fascinante, les bras tendus.

— N'approchez pas, n'approchez pas, me suis-je écrié de nouveau avec un mouvement d'effroi. Je ne veux pas que vous me touchiez, je ne veux pas que vous tou-

chiez Marie. Cette pauvre morte me pro-
tége contre vous; elle eſt là, sur mon sein,
endormie, elle y apaise mon cœur. Je
me sens profondément déchiré. J'aurais eu
peut-être la lâcheté de vous pardonner, si
vous étiez venue, dans notre chambre,
vous traîner à mes pieds, car vous y auriez été toute-puissante sur moi, par cet
amour infâme que la misère & l'abandon
m'ont inspiré. Ici vous ne pouvez rien
sur mon cœur, rien sur mon corps. J'ai
encore aux lèvres l'âme de Marie, son
dernier souffle & son dernier baiser. Je ne
veux pas que votre bouche souillée me
prenne cette âme.

Laurence s'était arrêtée, sanglotant, me
contemplant à travers ses larmes.

—Claude, murmurait-elle, tu ne me
comprends pas, tu ne m'as jamais com-
prise. Je t'aime. Je n'ai jamais su ce que
tu désirais de moi, je me suis donnée
comme je savais me donner. Pourquoi me
chasses-tu? Je n'ai pas fait le mal; si

j'ai fait le mal, tu me battras, & nous vivrons encore ensemble.

J'étais las, je sentais mon cœur saigner,
j'avais hâte que cette femme sortît. Je l'ai
implorée à mon tour.

— Laurence, par pitié, ai-je ait plus
doucement, retirez-vous. Si vous avez eu
quelque amour pour moi, épargnez-moi
toute souffrance. Nos tendresses sont mortes, il faut nous séparer. Allez dans la
vie, où vous voudrez, dans le bien, s'il est
possible. Laissez-moi retrouver mes espérances & mes gaietés.

Elle a croisé les bras avec désespoir, répétant plusieurs fois d'une voix égarée :

— Tout est fini, tout est fini.

— Oui, tout est fini, ai-je répondu avec
force.

Alors, Laurence est tombée à terre,
comme une masse, & elle a éclaté en sanglots.

Pâquerette, qui avait tranquillement repris possession de son fauteuil, l'a regar-

dée avec curiosité. La vieille impure s'é-
tonnait, croquant des paftilles qu'elle
venait de trouver & qu'elle achevait, Marie
n'étant plus là pour finir la boîte.

— Eh! ma fille, a-t-elle dit à Laurence,
toi aussi, tu fais la folle. Bon Dieu! comme
les amoureux sont devenus bêtes! Dans
mon temps on se quittait gaiement. Songe
donc que tu as tout profit à te séparer de
Claude. Il consent. Prends vite la porte,
& remercie-le.

Laurence n'entendait pas, Laurence
frappait le plancher de ses pieds & de ses
poings, en proie à une sorte de crise nerveuse. Demi-nue, elle se tordait, pante-
lante, pleine de frissons qui la secouaient
tout entière. Elle mordait ses cheveux
qui retombaient sur son visage; elle avait
des cris étouffés, des paroles confuses qui
se perdaient dans ses sanglots.

Je la voyais de haut en bas, écrasée &
frémissante; je ne me sentais ni pitié ni
colère.

Puis, elle s'eſt dressée à demi, &, la face convulsée, la chair rougie & bleuie de larmes, se traînant vers moi dans ses jupes tordues & pendantes, elle m'a crié :

— Tu as raison, Claude, je suis mauvaise. J'aime mieux tout dire. Peut-être me pardonneras-tu ensuite. Tes yeux ont bien vu : mes lèvres doivent être rouges des baisers de Jacques. C'eſt moi qui suis allée à lui; je l'ai forcé à la trahison. Je suis mauvaise.

Les sanglots arrachaient sa poitrine. Ils montaient du fond de ses entrailles, en souffles énormes & pénibles, gonflaient sa gorge horriblement, faisaient onduler tout son être, éclataient sur ses lèvres en cris secs & déchirants.

— Je ne sais plus, moi, disait-elle. J'ignorais que les baisers de Jacques pouvaient nous séparer. J'ai fait cela sans réfléchir, sans songer à toi. Je m'ennuyais parfois, le soir, lorsque tu venais dans cette chambre. Alors, j'ai cherché à me diſtraire. Je ne m'explique pas ce qui s'eſt passé. Je ne veux point te quitter. Pardonne-moi, pardonne-moi.

A la dernière heure, cette femme était plus impénétrable encore. Je n'avais pas le sens de cette créature froide & affaissée, nerveuse & suppliante. Depuis un an, je vivais à son côté, & elle m'était étrangère, comme au premier jour. Je l'avais vue tour à tour vieille & jeune, aĉtive & endormie, sèche & aimante, ironique & humble ; je ne pouvais reconſtruire une âme avec ses éléments divers, je reſtais muet devant ce visage épais, grimaçant, qui me cachait un cœur inconnu. Elle m'aimait peut-être, elle obéissait à ce besoin d'amour & d'es- time qui se trouve au fond des plus hon- teuses natures. D'ailleurs, je ne cherchais plus à comprendre, je devinais que Lau- rence serait à jamais un myſtère pour moi, une femme faite d'ombre & de vertige ; je savais qu'elle reſterait dans ma vie comme un cauchemar inexplicable, une nuit fié-

vreuse pleine de visions monftrueuses &
incompréhensibles. Je ne voulais pas l'é-
couter, je me sentais encore dans le rêve,
j'avais peur de céder à la folie des ténèbres, je tendais de toutes mes forces à la
lumière.

J'ai fait un mouvement d'impatience,
refusant du gefte, serrant les lèvres. Laurence, lasse, a écarté ses cheveux; elle m'a
regardé en face, muette, profonde; elle
n'avait plus de supplications, les paroles lui
manquaient. Elle me priait par son attitude, par son regard, par son visage bouleversé.

J'ai détourné la tête.

Laurence s'eft alors levée péniblement
& a gagné la porte, sans me quitter des
yeux. Elle eft reftée un inftant toute droite
sur le seuil. Elle m'a semblé grandie, &
voilà que j'ai manqué faiblir, m'élancer dans
ses bras, en voyant qu'elle portait, à cette
heure dernière, les lambeaux de la robe de
soie bleue. J'aimais cette robe, j'aurais

voulu en déchirer un haillon, pour le garder en souvenir de ma jeunesse.

Laurence, reculant toujours, eſt entrée
dans l'ombre de l'escalier, m'adressant une
dernière prière, & la robe n'a plus été
qu'un flot noir qui a glissé sur les marches en frissonnant.

J'étais libre.

J'ai mis une main sur mon cœur : il
battait à coups faibles & calmes. J'avais
froid. Un grand silence se faisait en mon
être, il me semblait que je m'éveillais d'un
songe.

J'avais oublié Marie dont la tête paisible reposait toujours sur ma poitrine. Pâquerette, qui sommeillait, s'eſt dressée
brusquement & a couché le cadavre sur le
lit, tout de son long, en me disant :

— Voyez donc, la pauvre enfant ! Vous
ne lui avez pas même fermé les yeux. Elle
semble vous regarder & sourire.

Marie me regardait. Elle avait un sommeil d'enfant, une paix suprême, un front

pur de vierge & de martyre. Elle était
heureuse de ce qu'elle venait d'entendre,
elle se disait que nous étions seuls, que
nous allions pouvoir nous aimer. J'ai
fermé ses yeux, pour qu'elle s'endormît
dans cette pensée d'amour, & j'ai baisé
ses paupières.

Pâquerette a posé deux bougies sur une
petite table, à côté du cadavre, puis elle a
repris son sommeil, se pelotonnant au fond
du fauteuil. Jacques n'avait pas remué;
toutes mes paroles, toutes celles de Laurence avaient passé sur lui sans le faire
tressaillir. A genoux, le visage dans le
drap, il s'abîmait en quelque pensée austère & terrible qui le tenait muet, acca-
blé.

La chambre était silencieuse maintenant. Les deux bougies jetaient une clarté
pâle qui blanchissait les draps du lit & la
face découverte de Marie. Hors de ce
cercle étroit de lumière, tout n'était qu'ombre indécise. Dans cette ombre j'apercevais

vaguement Pâquerette endormie & Jacques agenouillé. Je suis allé à la fenêtre.

J'ai passé la nuit là, debout, en face du ciel étoilé. Je regardais Marie & je regardais en moi; je dominais Jacques, je distinguais Laurence loin, bien loin dans mon souvenir. Ma pensée était saine, je m'expliquais toutes choses, j'avais conscience de mon être & des créatures qui m'entouraient. C'eſt ainsi que j'ai pu voir la vérité.

Oui, Jacques ne s'était pas trompé. J'ai été malade. J'ai eu la fièvre, le délire. Je sens aujourd'hui, à la fatigue de mon cœur, quelle a dû être la violence de mon mal. Je suis fier de ma souffrance, je comprends que je n'ai pas été infâme, que mes désespoirs n'étaient que les révoltes de mon cœur, indigné du monde où je l'avais égaré. Je suis maladroit devant la honte, je ne sais point accepter les amours vulgaires; je n'ai pas la tranquille indifférence nécessaire pour vivre dans ce

coin de Paris où la belle jeunesse se vautre
en pleine boue. Il m'aurait fallu les purs
sommets, la campagne large. Si j'avais rencontré une vierge, je me serais agenouillé
pour me donner entier ; j'aurais été pur
comme elle, &, sans lutte, sans effort, nous
nous serions unis, nous aurions contenté
nos tendresses. La vie a ses fatalités. Un
soir, j'ai trouvé Laurence, la gorge découverte. J'ai eu l'imprudente confiance de
vivre auprès de cette femme, & voilà que je
l'ai aimée, aimée comme une vierge, avec
tout mon cœur, toute ma pureté. Elle
m'a rendu mes affections en souffrances &
en désespoirs ; elle a eu la lâcheté de se
laisser aimer, sans jamais aimer elle-même.
Je me suis déchiré, devant cette âme morte,
à vouloir me faire entendre. J'ai pleuré
comme un enfant qui veut embrasser sa
mère, se haussant sur ses petits pieds,
ne pouvant atteindre le visage de celle qui
est toute son espérance.

Je me disais ces choses dans cette nuit

suprême, & je me disais encore qu'un jour
je parlerais & que je ferais voir la vérité à
mes frères, les cœurs de vingt ans. Je trouvais une grande leçon dans ma jeunesse
perdue, dans mes amours brisées. Mon
être entier répétait : Que n'es-tu resté là-
bas, en Provence, dans les herbes hautes,
sous les larges soleils? Tu aurais grandi
en honneur, en force. Et, lorsque tu es
venu ici chercher la vie & la gloire, que
ne t'es-tu gardé contre la boue de la ville?
Ne savais-tu pas que l'homme n'a pas deux
jeunesses, ni deux amours? Il te fallait vivre jeune, dans le travail, & aimer, dans la
virginité.

Ceux qui acceptent sans larmes la vie
que j'ai menée pendant un an, n'ont pas de
cœur; ceux qui pleurent comme j'ai pleuré,
sortent de cette vie le corps brisé & l'âme
mourante. Il faut donc tuer les Laurences,
comme disait Jacques, puisqu'elles nous
tuent notre chair & nos amours. Je ne suis
qu'un enfant qui a souffert, je ne veux

point prêcher ici. Mais je montre ma poitrine vide, mon être endolori & sanglant,
je désire que mes plaies fassent frémir les
garçons de mon âge & les arrêtent au seuil
du gouffre. A ceux qui sont affolés de lumière & de pureté, je dirai : Prenez garde,
vous entrez dans la nuit, dans la souillure. A ceux dont le cœur dort & qui ont
l'indifférence du mal, je dirai : Puisque
vous ne pouvez aimer, tâchez au moins de
reſter dignes & honnêtes.

La nuit était claire, je voyais jusqu'à
Dieu. Marie, roide maintenant, dormait
avec pesanteur ; le drap avait de longs plis
secs & durs. Je songeais au néant, je
pensais que nous aurions grand besoin
d'une croyance, nous qui vivons dans l'espérance de demain & qui ne savons ce que
sera demain. Si j'avais eu, au ciel ou ailleurs, un Dieu ami dont j'aie senti la main
protectrice, je ne me serais peut-être pas
laissé aller au vertige d'une passion mauvaise. J'aurais toujours eu des consola-

18

tions, au milieu de mes larmes; j'aurais
usé mon trop d'amour dans la prière, au
lieu de ne pouvoir le donner & de le sentir
m'étouffer. Je m'étais abandonné, parce
que je ne croyais qu'en moi & que j'avais
perdu toute ma force. Je ne regrette pas
d'obéir à ma raison, de vivre libre, n'ayant
que le respect du vrai & du juste. Seulement, lorsque la fièvre me prend, lorsque
je frissonne de faiblesse, j'ai peur, je de-
viens enfant; je voudrais être sous le coup
d'une fatalité divine, m'effacer, laisser
Dieu agir en moi & pour moi.

Et je songeais à Marie, me demandant
où était son être à cette heure. Dans la
grande nature, sans doute. Je faisais ce
rêve que chaque âme va au grand tout,
que l'humanité morte n'est qu'un souffle
immense, un seul esprit. Sur la terre,
nous sommes séparés, nous nous ignorons,
nous pleurons de ne pouvoir nous réunir;
au delà de la vie, il y a pénétration complète, mariage de tous avec tous, amour

unique & universel. Je regardais le ciel.
Il me semblait voir, dans l'étendue calme
& reposée, l'âme du monde, l'être éternel
fait de tous les êtres. Alors, j'ai goûté une
grande douceur; je venais de dépasser la
guérison, j'en étais au pardon & à la foi.
Frères, ma jeunesse me souriait encore.
J'ai songé qu'un jour nous nous trouve-
rons unis tous quatre, Marie & Jacques,
Laurence & moi; nous nous compre-
drons, nous nous pardonnerons; nous
nous aimerons sans avoir à entendre les
sanglots de nos corps, & nous aurons une
suprême paix à échanger ces tendresses
que nous ne pouvions nous donner, lorsque nous vivions dans des chairs diffé-
rentes.

La pensée qu'il y a malentendu sur la
terre, & que tout s'explique ailleurs, m'a
consolé. Je me suis dit que j'attendrais
la mort pour aimer. Je me tenais debout,
auprès de la fenêtre, en face du ciel, en
face du cadavre de Marie, &, peu à peu,

une fraîcheur douce, une espérance sans bornes me venaient de cette jeune fille morte & de ces espaces rêveurs.

Les bougies s'achevaient. La chambre avait un silence de plus en plus lourd, & les ombres grandissaient. Pâquerette dormait. Jacques n'avait pas bougé.

Il s'eſt levé brusquement, il a regardé autour de lui avec peur. Je l'ai vu se pencher sur le cadavre pour le baiser au front. La chair froide lui a donné un frisson. Alors il m'a aperçu. Il eſt venu à moi, hésitant, puis m'a tendu la main.

Je regardais cet homme que je ne pouvais comprendre, qui me paraissait aussi obscur que Laurence. J'ignorais s'il m'avait menti ou s'il avait voulu me sauver. Cet homme était venu me briser le cœur. Mais j'avais espéré, j'avais pardonné. J'ai pris sa main & la lui ai serrée.

Alors il s'en eſt allé, me remerciant du regard.

Le matin, je me suis trouvé au bord du

lit de Marie, à genoux, pleurant encore, mais des larmes douces, attendries. Je pleurais sur cette pauvre fille que la mort avait emportée au printemps, ignorante des baisers d'amour.

XXX

Frères, je vais à vous. Je pars demain pour nos campagnes. Je veux puiser une nouvelle jeunesse dans nos larges horizons, dans notre soleil ardent & pur.

J'ai eu un orgueil trop haut. Je me suis cru mûr pour la lutte, tandis que je n'étais qu'un enfant faible & nu. Je resterai peut-être toujours enfant.

J'espère en votre amitié, en mes souvenirs. Près de vous, je me rappellerai les jours d'autrefois, je m'apaiserai, j'achève-

rai de guér ir mon cœur. Nous irons dans
les plaines, au bord de la rivière om-
breuse ; nous reprendrons la vie de nos
seize ans, & j'oublierai ainsi l'année terrible que je viens de vivre. J'en serai encore à ces jours d'ignorance & d'espoir,
lorsque je ne savais rien de la réalité &
que je rêvais une terre meilleure. Je rede-
viendrai jeune, croyant, je pourrai re-
commencer la vie sur de nouveaux songes.

 Oh! je sens toutes les pensées de ma
jeunesse me revenir en foule, m'emplir
de force & d'espérance. Tout avait disparu
dans la nuit où j'étais entré, vous & le
monde, mon travail de chaque jour & ma
gloire future. Je ne vivais plus que pour
une idée unique, aimer et souffrir. Aujourd'hui, dans mon apaisement, j'entends s'éveiller une à une ces pensées que
je reconnais & auxquelles je souhaite la
bienvenue, l'âme attendrie. J'étais aveugle, de nouveau, je vois clair en moi,

le voile s'eſt déchiré, je retrouve le monde
tel que je l'avais laissé, large pour les jeunes courages, lumineux, plein d'applau-
dissements. Je vais reprendre mon labeur,
me refaire des forces, lutter au nom de
mes croyances, au nom de mes tendresses.

Faites-moi place à vos côtés, frères.
Trempons-nous dans l'air pur, dans les
champs éclatants de soleil, dans nos
amours vierges. Préparons-nous à la vie
en nous aimant tous trois, en courant,
la main dans la main, libres sous le ciel.
Attendez-moi, & faites que la Provence
soit plus douce, plus encourageante pour
me recevoir & me rendre mon enfance.

Hier, lorsque devant la fenêtre, en face
du cadavre de Marie, je m'épurais dans la
foi, j'ai vu le ciel, plein d'ombre, blanchir
à l'horizon. Toute la nuit, j'avais eu devant les yeux les espaces noirs, troués par
les rayons jaunes des étoiles; j'avais sondé
vainement l'infini du gouffre sombre,
m'effrayant de ce calme immense, de ce

néant insondable. Ce calme, ce néant se sont éclairés; les ténèbres ont frémi & se sont repliées lentement, laissant voir leurs myftères; l'effroi de l'ombre a fait place à l'espérance de la clarté naissante. Tout le ciel s'eft enflammé peu à peu; il a eu des teintes roses, douces comme des sourires; il s'eft creusé dans la lumière pâle, laissant voir Dieu à cette heure matinale & transparente. Et moi, seul, en face de ce déchirement de la nuit, de cette naissance lente & majeftueuse du jour, je me suis senti au cœur une force jeune, invincible, un espoir immense.

Frères, c'était l'aurore.

FIN

Paris. — Imp. Vᵛᵉ P. LAROUSSE et Cⁱᵉ, rue Montparnasse, 19.